流通傳閱功德不可思議

유통하여 이웃에게 전하고 읽게 하는
공덕은 불가사의하다.

안심정사

약사경

藥師經

대당 삼장법사 현장 봉조역
석법안 스님 우리말 번역

안심정사

발간사

　세상을 살다보면 정말 신기한 일들이 많다. 한 생에서만 이루어지지 않은 인생이 그렇다. 고3 시절, 아버님의 권유로 육군사관학교를 가기로 하고, 체력장 연습을 하다가 급성 폐결핵을 앓으면서 7년이란 세월을 병고에 시달리면서 살았다. 내 청춘을 오로지 병고와 싸우며 살았다. 기나긴 세월이었다.

　어려서 초등학교 다닐 때에는 늘 엉뚱한 꿈을 꾸곤 하였는데, 바로 내가 치병능력이 있어서 아픈 사람들을 어루만져 주거나, 내 이름을 듣거나, 내 모습을 보는 이가 모두 건강해졌으면 좋겠다는 생각이었다. 그 뒤 부처님께 귀의하여 큰 절들을 참배할 때면, 불교교리에 별로 해박하지 않으면서도 이끌려 가는 곳이 있었다. 바로 약사전이었다.

대학시절에는 전공과목인 경제학은 졸업할 학점만 채우고, 철학과 불교학에 심취하였던 적이 있었고, 중국의 제자백가 사상에 심취하였던 적이 있었다. 세월이 흘러서 성장하게 되었고, 마침내 내가 세상에서 가장 잘 할 수 있을 것 같은 것이 불교에의 출가였다. 막연하게 나는 부처님께 출가를 하면 세상에서 가장 행복하고, 그리고 세상에서 가장 잘하는 수행승이 될 것이라는 생각이 들었고, 부처님께 귀의하였다.

아주 어려운 환경에서 시작하였으나 늘 불보살님들이 함께 계심을 강력하게 느끼면서 그렇게 어려운 줄 모르고 살아왔다. 젊은 시절 장장 7년이나 앓았던 폐결핵은 '관세음보살 염불기도' 3일로 치유되는 기적을 체험하면서 나의 불교신앙은 본격적으로 시작된 것이었다.

논산에 조그마한 약사도량을 건립하고 기도하면서 살아온 것이 벌써 25년이 되어간다. 세월은 참으로 빠르다. 그렇게 기도하여 온 것의 결실이 바로 이『약사경』이다.

요즘 한전(漢傳)불교라고 하는 중국계 불교에서는 대승경전 가운데 가장 중요한 경전의 하나로,『금강경』이나『법화경』,『화엄경』보다 훨씬 중요하게 여겨질 뿐 아니라

6대 독송경전으로 존중되어지는 경전이 바로 『약사유리광여래본원공덕경』이다. 이런 경전이 왜 한국에서는 빛을 보지 못하였을까를 의문 삼아서 석사·박사 과정에서 약사신앙과 약사사상에 대하여 공부하게 되었고, 지장보살신앙과 더불어 함께 신앙하여 한국사회에 다시 한번 "약사신앙"을 전파하고 싶었다.

 나처럼 젊은 날에 병고로 시달리는 이들이 많고, 또한 오늘날 의약으로도 치유되지 않는 병이 얼마나 많은가? 병에는 업병(業病-습관이나 환경에서 오는 병)과 보병(報病-전생의 업에 의한 병)과 무명병(無明病)이라고 하는 모든 중생이 앓고 있는 병이 있다고 석가세존께서 말씀하셨다.

 환경(번뇌장, 업장, 보장)에서 오는 불가항력적인 상황에서 우리는 불보살님을 믿고 의지하고 그 힘으로 현실을 얼마든지 개선하여 나아갈 수 있다. 나는 금생에 그것을 알았고, 나처럼 병고에 시달리는 많은 불자들이, 그리고 현실적으로 어려움을 겪고 살아가는 모든 사람들이 불보살님들의 불가사의한 위신력을 체험하여 알기를 원한다. 그리하여 행복과 성공을 성취하기를 바랄 뿐이다.

『약사경』에서 석가세존께서 말씀하셨다.
수소요구 일체개수 隨所樂求 一切皆遂
구장수득장수 구부요득부요 求長壽得長壽 求富饒得富饒
구관위득관위 구남녀득남녀 求官位得官位 求男女得男女

좋아하여 구하는 바에 따라서 모든 것을 다 이루나니
건강장수를 구하면 건강장수를 얻을 것이요
부귀풍요를 구하면 부귀풍요를 얻을 것이요
명예직업을 구하면 명예직업을 얻을 것이요
자녀를 구하며 자녀를 얻을 것이요

이 얼마나 아름다운 말씀이신가?

우리 한국불교가 이 시대에 새롭게 한국사회의 지도이념으로 거듭나기를 축원 올리면서 2015년 을미년 7월 백중을 맞이하면서 발간사를 쓴다.

석법안 삼가 쓰다.

본 책 『약사유리광여래본원공덕경』은 독송 기도용으로 편집, 제작하였습니다.
자세한 내용은 안심정사 카페(http://cafe.daum.net/ansim24)에서 찾아 볼 수 있습니다.

차례

011 **약사유리광여래본원공덕경**
대당 삼장법사 현장 봉조역
석법안 스님 우리말 번역

049 **약사유리광칠불본원공덕경**
석법안 스님 우리말 번역

137 **불설요치병경(佛說療痔病經)**
석법안 스님 우리말 번역

141 **약사신앙의 이해**
석법안 스님 편저

약사유리광여래
본원공덕경

대당 삼장법사 현장 봉조역
석법안 스님 우리말 번역

1 이와 같이 나는 들었다.

2 한때 부처님께서 여러 나라를 다니며 교화하시다가 바이샬리에 도착하여 낙음수 아래에 계셨다. 팔천 명의 대비구들과 삼만육천의 보살마하살, 국왕, 대신, 바라문, 거사, 천, 룡, 야차, 인비인 등 헤아릴 수 없이 많은 대중들이 부처님을 공경히 둘러앉았고, 부처님께서 설법하셨다.

3 그때 문수사리법왕자가 부처님의 위신력을 받들어 자리에서 일어나 한쪽 어깨를 드러내고, 오른쪽 무릎을 땅에 꿇고, 부처님께 몸을 굽히며 합장하고 여쭈었다.

4 "세존이시여, 오직 바라옵건대, 이와 같은 여러 부처님의 명호와 본래의 수행과 위대한 서원, 수승한 공덕을 말씀하셔서, 듣는 이들이 업장을 없애고, 상법시대의 유정들에게 이익과 행복을 주시

옵소서."

5 그때 세존께서 문수사리동자를 칭찬하시고는 말씀하셨다.
"훌륭하도다. 문수사리여, 그대가 큰 자비로 나에게 그 부처님들의 명호와 본원공덕에 대하여 설법하여 주기를 청하니, 업장에 얽힌 유정들을 속박에서 벗겨주고 상법시대의 유정들에게 이익과 안락을 주려함이로다. 이제 자세히 듣고 지극히 잘 사유하라. 그대를 위하여 말하리라."

6 문수사리가 말씀드렸다.
"오직 설하옵소서! 저희들은 즐거이 듣겠나이다."

7 부처님께서 문수사리에게 말씀하셨다.
"여기에서 동쪽으로 열 항하사의 불국토를 지나면 '정유리세계'가 있나니, 부처님의 명호는 약사유리광여래, 응공, 정등각, 명행원만, 선서, 세간해, 무상장부, 조어사, 천인사, 불, 세존이시니라. 문수사리여, 저 세존이신 약사유리광여래께서 보살도를 닦으실 때 십이대원을 발원하셨으니, 모든 유정들이 원하는 바를 모두 얻게 하고자 함이셨느니라.

8 첫째 대원은, '바라옵건대 내가 오는 세상에서 아누다라삼먁삼보리를 얻을 때에, 내 몸의 광명이 찬란하여, 헤아릴 수 없고 셀 수 없으며 끝이 없는 세계를 두루 비추리라. 서른두 가지 장부상과 여든 가지 아름다운 모습으로 내 몸이 장엄되고, 모든 유정들도 내 몸과 다름없게 하리라.'

9 둘째 대원은, '바라옵건대 내가 오는 세상에서 보리를 얻을 때에, 몸은 유리처럼 안팎이 밝고 깨끗하여 한 점의 티끌도 없고 광명이 크며, 공덕은 높고 높아 몸은 평안히 머물며, 해와 달을 뛰어 넘는 불꽃그물로 장엄하여 어둠속 중생들 모든 어

리석음을 깨우치고 뜻하는 바에 따라 모든 일을 지을 수 있음을 깨닫게 하리라.'

10 셋째 대원은, '바라옵건대 내가 오는 세상에서 보리를 얻을 때에, 한량없고 가없는 지혜방편으로 여러 유정이 필요한 물자를 모두 얻게 하여 부족한 일이 없도록 하리라.'

11 넷째 대원은, '바라옵건대 내가 오는 세상에서 보리를 얻을 때에, 그릇된 도를 행하는 이들이 보리도 가운데 편안히 머물게 하며, 성문승과 독각승도 모두 대승에 편안히 머물도록 하리라.'

12 다섯째 대원은, '바라옵건대 내가 오는 세상에서 보리를 얻을 때에, 한량없고 끝없는 유정들이 나의 가르침 가운데 청정행을 닦아, 결함 없는 계를 얻게 하고, 삼취정계를 갖추며, 설령 계율을 범하였더라도 나의 이름을 들으면 청정한 계율이 복원

되어 나쁜 세계에 떨어지지 않게 하리라.'

13 여섯째 대원은, '바라옵건대 내가 오는 세상에서 보리를 얻을 때에, 유정들 가운데 몸이 하열하며, 불구이며 나쁘고, 둔하며, 시각장애, 청각장애, 벙어리, 앉은뱅이, 곱사, 나병, 미친 이 등 갖가지 병으로 고통 받는 이들이 내 이름을 들으면 교활함은 단정하게 되고, 온몸이 갖추어져 온갖 질병의 고통이 없게 하리라.'

14 일곱째 대원은, '바라옵건대 내가 오는 세상에서 보리를 얻을 때, 유정들이 갖가지 병에 시달려 급박하나 구원해줄 이, 의지할 이, 의약이나 친인척도 없고, 쉴 집도 없고 빈궁하여 고통이 많은 이들이 내 이름이 단 한 번 귓가에 스쳐 지나가면 온갖 병이 사라지고 몸과 맘이 안락하며 집안 식구들과 생활물품들이 갖추어지고 나아가 위없는 깨달음을 얻게 하리라.'

15 여덟째 대원은, '바라옵건대 내가 오는 세상에서 보리를 얻을 때에, 여인이기 때문에 온갖 나쁜 일로 고통을 당하며 여자로 태어난 것을 몹시 싫어하여 여자의 몸을 버리길 원하면서 내 이름이 들리면 그 즉시 여자 몸이 남자 몸으로 변하여 대장부를 갖추고 마침내 무상보리를 증득케 하리라.'

16 아홉째 대원은, '바라옵건대 내가 오는 세상에서 보리를 얻을 때에, 모든 유정들로 하여금 마귀의 올가미에서 벗어나고, 외도들의 억매임에서 벗어나게 하여 갖가지 나쁜 견해의 숲에 떨어진 이들을 바른 견해로 이끌어 점점 여러 보살행을 닦아 익혀 무상정등보리를 빨리 증득토록 하리라.'

17 열째 대원은, '바라옵건대 내가 오는 세상에서 보리를 얻을 때에, 유정들이 국법에 걸려 구속되고, 매를 맞고, 감옥에 갇히고, 죽임을 당하거나, 수많은 재난과 능욕당하고, 슬픔과 걱정, 들볶이고 몸

과 맘으로 고통 받을 때에 내 이름이 들리면 나의 복덕과 위신력으로 모든 근심과 고통에서 벗어나게 하리라.'

18 열한째 대원은, '바라옵건대 내가 오는 세상에서 보리를 얻을 때에, 모든 유정들이 배고프고 목이 말라 먹고 마실 것을 얻으려고 여러 가지 나쁜 짓을 저지를 때, 내 이름을 듣고 오로지 한 생각으로 받아 지니면, 나는 마땅히 가장 좋은 음식으로 먼저 그들이 배부르게 한 뒤, 진리의 맛으로 마침내 안락한 세상을 세워주리라.'

19 열두째 대원은, '바라옵건대 내가 오는 세상에서 보리를 얻을 때에, 모든 유정들이 가난하여 입을 옷이 없고 모기, 파리와 추위와 더위의 고통을 밤낮 받을 때, 내 이름을 듣고 오로지 한 생각으로 받아 지니면 그들이 좋아하는 바, 가장 좋은 옷을 얻도록 하고 모든 보배로 만든 장엄구와 꽃다

발, 향수, 아름다운 음악, 여러 가지 연극, 마음에 드는 놀이기구 등 모두 만족토록 하리라.'

20 문수사리여, 이것이 저 세존이신 약사유리광여래, 응공, 정등각께서 보살도를 닦으실 때 발원한 열두 가지 아름답고 뛰어난 대원이니라.

21 또 문수사리여, 저 세존이신 약사유리광여래께서 보살도를 닦을 때에 발원한 대원과 저 불국토의 공덕장엄은 내가 일 겁의 세월이 지나도록 말하더라도 모두 말할 수가 없느니라. 저 불국토는 한결같이 청정하고, 여인이 없으며, 나쁜 세계도 없고, 고통스런 소리도 없고, 청금석으로 땅이 되고, 도로의 경계는 금줄로 구분되고, 도시, 궁전, 처마, 창문, 장엄된 그물 등도 모두 일곱 가지 보배로 만들어져 서방극락세계의 공덕장엄과 조금도 차이가 없느니라.

22 그 나라에는 두 보살마하살이 있는데 일광변조보살과 월광변조보살이니라. 이들은 아주 많은 보살들 가운데 상수보살로서, 저 세존이신 약사유리광여래의 정법보장을 모두 간직하고 있느니라.

23 그러므로 문수사리여, 신심있는 선남자 선녀인은 저 세존이신 약사유리광여래의 세계에 태어나기를 원해야 하느니라."

24 그때 세존께서 다시 문수사리에게 말씀하셨다.
"문수사리여, 중생들이 선악을 모르고, 오로지 탐욕과 인색하여 보시와 보시의 과보를 모르고, 어리석고, 지혜가 없고, 믿음이 없어, 많은 재물을 모아 더욱 걱정스레 지키며, 구걸하는 이를 보면 불쾌해 한다. 설령 할 수 없이 보시할 적에도 자기 몸의 살점을 도려내는 것처럼 느끼며, 몹시 괴로워 후회하느니라.

25 또 수많은 인색하고 욕심에 찬 유정들은 재물을 모았으나 자신을 위해서도 쓰지 못하거늘, 하물며 부모, 처자식, 노비, 고용인, 거지들에게 쓸 수 있겠는가?

26 저 유정들이 목숨을 마치면 아귀계나 축생계에 나느니라. 인간계에 있을 때 잠깐이라도 약사유리광여래의 명호를 들었던 까닭에, 이제 나쁜 세계에서 잠깐만 약사유리광여래의 명호를 기억해내면, 즉시 저 나쁜 세계에서 죽어 인간의 몸으로 다시 태어나 숙명념(宿命念)을 얻고, 나쁜 세계의 고통을 두려워하며, 욕락을 좋아하지 않고, 보시를 즐겨 행하느니라. 보시하는 이를 찬탄하고, 모든 소유물에 탐내거나 아까워하는 마음이 없느니라. 더 나아가 머리, 눈, 손, 발, 피, 몸뚱이 등을 필요한 이들에게 베풀거늘 하물며 다른 재물이겠느냐?

27 또 문수사리여, 유정들 중에는 비록 부처님의 여

리 계율을 받았음에도 계율을 깨는 이가 있고, 계율은 지키더라도 규칙을 지키지 않는 이가 있으며, 계율과 규칙을 지키더라도 바른 견해를 못 갖는 이가 있느니라.

바른 견해는 지녔으면서 교법 배우기를 게을리 하여 경전의 깊은 뜻을 제대로 알지 못하는 이가 있느니라. 많이 배우기는 했으나 교만심으로 자신은 옳고 남들은 그르다 하며, 정법을 헐뜯으면서 마군의 패거리가 되는 이도 있느니라.

28 이처럼 어리석은 이들은 스스로 그릇된 견해를 행하면서, 헤아릴 수 없이 많은 유정들을 큰 구덩이에 떨어지게 하느니라. 이 유정들은 지옥, 축생, 아귀계에 떨어져 끝없이 떠돌아 다녀야 하느니라. 만약 이 약사유리광여래의 명호를 듣는다면 이윽고 나쁜 행위를 버리고, 여러 착한 법을 닦아서 나쁜 세계에 떨어지지 않으니라.

29 설령 여러 악행을 못 버리고 선법을 닦지 못하여 나쁜 세계에 떨어진 이라 하더라도 저 여래 본원의 위신력으로 눈앞에서 잠깐 약사유리광여래의 명호를 듣게 되면, 그 세계에서 목숨을 마치면 인간세계에 태어나리라. 바른 견해로 정진하고 욕망을 잘 조절하느니라. 이윽고 집을 떠나 여래의 가르침에 출가하고, 계율을 받아 지녀 잘 지키며, 바른 견해를 많이 듣고, 깊고 깊은 뜻을 잘 알게 되느니라. 교만심을 버리고, 바른 가르침을 비방하지 않으며, 마군의 패거리가 되지 않느니라. 점점 여러 보살행을 닦아 속히 원만성취 하느니라.

30 또한 문수사리여, 만일 여러 유정들 가운데 간탐심과 질투심으로 스스로를 칭찬하고 남을 헐뜯는 자는 세 가지 나쁜 세계에 떨어져서 한량없는 세월 동안 온갖 혹독한 괴로움을 받느니라. 혹독한 괴로움을 받은 뒤, 그 명이 다하여 인간계에 나더라도 소, 말, 낙타, 노새 따위가 되어 항상 채찍질

을 당하고 배고픔과 목마름으로 괴로움을 당하느니라. 늘 무거운 짐을 지고 다니느니라. 혹시 사람으로 나더라도 지위가 낮고 빈천하며 남의 노예가 되어 혹사를 당하고 늘 자유가 없느니라.

31 만일 전생에 사람이었을 때, 세존이신 약사유리광여래의 명호를 들은 적이 있었다면 이 좋은 인연으로 말미암아 이제 다시 세존이신 약사유리광여래의 명호를 기억하여 지극한 마음으로 귀의하면, 부처님의 위신력으로 뭇 고통에서 벗어나게 되고, 모든 감관이 총명하게 되고, 지혜로워서 듣고 배우기를 좋아하게 되리라. 늘 뛰어난 가르침을 구하며, 좋은 벗을 만나리라. 마군의 그물을 영원히 끊고 무명의 껍질을 깨뜨리고 번뇌의 물결을 말려버리고, 모든 태어나고, 늙고, 병들고, 죽고, 근심과 슬픔과 괴로움에서 벗어나게 되느니라.

32 또한 문수사리여, 만일 여러 유정 가운데 어깃장

놓기를 좋아하고 소송을 걸어 자신과 남을 괴롭히며, 몸과 입과 뜻으로 갖가지 악업을 짓고, 이익 없는 일로써 끊임없이 남들을 해칠 것을 생각하며, 산림이나 숲, 무덤 등의 귀신들을 불러내고, 짐승들을 잡아 피 묻은 고기로 야차와 나찰 등에게 제사 지내며, 원한 맺은 사람의 이름을 적거나 형상을 만들어서 나쁜 주술로 저주하며, 주문으로 시체를 일으켜서 원한 맺힌 사람의 목숨을 끊게 하거나 몸을 망가뜨리도록 하려는 이가 있다 하더라도, 이 여러 유정들이 만일 약사유리광여래의 명호를 듣는다면, 저 모든 악한 것으로 해치지 못하게 되느니라. 모두가 자비심을 일으켜 해치려 했던 상대를 이롭고 안락하게 하고 손해를 입히거나 괴롭히려는 마음과 싫어하거나 원한을 품는 마음이 없어지게 된다. 저마다 모두 기뻐하고 자신의 처지를 만족하게 여기며 기뻐하는 마음을 내어 상대방을 해치지 않고 이롭게 하느니라.

33 또 문수사리이여, 만일 사부대중인 비구, 비구니, 우바새, 우바이와 청정한 믿음을 지닌 선남자, 선녀인 등이 팔관재계를 받아 지니고 일 년이나 석 달 동안이라도 계율을 지킨다면, 이 선근으로 아미타부처님이 계신 서방극락세계에 왕생하여 바른 법을 듣기를 발원하는데, 아직 극락왕생하도록 정해지지 않은 사람이 만일 세존이신 약사유리광여래의 명호를 듣는다면 목숨을 마칠 때 팔대보살이 신통력으로 허공으로부터 내려와서 서방극락세계로 가는 길을 보여주어 극락세계의 갖가지 색으로 장엄된 연화대 위에 자연히 화생하도록 해주느니라.

34 또는 이 인연으로 하늘나라에 태어나더라도, 본래의 선근은 다함없어 다시는 그밖에 다른 나쁜 세계에 나지 않느니라. 하늘나라의 수명이 다하여 인간계에 나면 전륜성왕이 되어 사천하를 다스리며, 위덕이 자재하여 수많은 유정들이 열 가지 선

업을 편안하게 행하도록 하느니라. 크샤트리아나 바라문, 거사, 대가에 태어나서 재물과 보배가 창고에 가득 차고, 용모의 생김새는 단정하며 엄숙하고, 권속들을 다 갖추고 총명하고 지혜로우리라. 용맹과 힘은 아주 힘센 역사와 같을 것이니라. 만일 여인들 가운데 세존 약사여래의 명호를 듣고 지극한 마음으로 받아 지니는 이가 있으면 이후 영원히 여인의 몸을 받지 않을 것이니라.

35 또한 문수사리여, 저 약사유리광여래께서 보리를 얻으셨을 때, 본원력으로 말미암아 여러 유정들이 뭇 병과 괴로움을 만나는데, 여위어 가는 병, 말라리아, 당뇨, 황열병 등 갖가지 병고를 겪거나 가위눌리거나 해충에 시달리거나 혹은 단명하거나 횡사하는 것을 살펴보시고는 이러한 갖가지 병과 괴로움을 소멸시키고 구하는 바가 원만하도록 하였느니라. 저 세존께서 삼매에 드시니 '제멸일체중생고뇌삼매(모든 중생의 고뇌를 없앰)'라고 하느

니라. 곧 삼매에 드시니 살상투에서 대광명이 나오고, 그 광명 가운데 대다라니가 나왔느니라.

36 나모 바가와테 바이샤지야 구루 바이두리아 쁘라바 라자야 따타가따야 아르하떼 쌈약쌈붓다야. 따디야타, 옴 바이샤지예 바이샤지예 바이샤지야 싸무드가떼 쓰와하

37 그때 광명 가운데 이 신주가 설해지자 대지는 진동하고 커다란 광명이 나오니, 모든 중생의 병고는 소멸되고 안락을 받았느니라.

38 문수사리여, 만약 병고에 시달리는 남자나 여자를 보면, 마땅히 한결같은 마음으로 그 병든 사람을 위하되, 깨끗이 씻고 양치하며, 음식이나 약 또는 벌레 없는 깨끗한 물에 이 신주를 백 여덟 번 빌고 나서, 먹게 하면 모든 병고가 없어지느니라. 만약 바라는 바가 있어 이 신주를 지극한 마

음으로 염송하면 뜻대로 얻으리라. 병은 없어지고 수명이 늘어나리라. 목숨을 마친 뒤에는 저 세계에 태어나고, 불퇴전의 경지를 얻고, 마침내 보리를 성취하리라. 그러므로 문수사리여, 어떤 남자나 여인이 있어 저 약사유리광여래를 지극한 마음으로 정성껏 공경하고, 공양하려면 늘 이 신주를 지니고 잊지 말아야 하느니라.

39 또한 문수사리여, 만약 청정한 믿음을 지닌 남자나 여인이 있어 약사유리광여래, 응공, 정등각의 명호를 듣고, 그 이름을 들은 뒤 외워 지니며, 새벽에 양치하고 목욕한 다음 온갖 향기로운 꽃과 가루향을 피우고, 여러 가지 음악으로 불상에 공양하여야 하느니라. 이 약사경을 스스로 베끼거나 남을 시켜 베끼게 하고 한결같은 마음으로 받아지니며, 저 법사에게 법문의 뜻을 듣고서, 마땅히 일체의 소유물인 재산과 몸으로 공양하되, 모자란 것이 없도록 하면, 이와 같이 곧 모든 부처님

의 호념을 받게 되어 바라는 바가 원만하게 되고, 마침내 보리를 성취하리라."

40 그때 문수사리가 부처님께 말씀드렸다.
"세존이시여, 제가 맹세하오니, 상법시대에 갖가지 방편으로써 청정한 믿음을 지닌 선남자 선녀인들이 세존이신 약사유리광여래의 명호를 들을 수 있게 하고, 잠결에서도 부처님 명호를 알아듣게 하겠나이다.
세존이시여, 만일 이 약사경을 받아 지녀 읽고 외우며, 다른 이들에게 설법하여 주고, 스스로 베껴 쓰거나 남들도 베껴 쓰게 하고, 공경하고 존중하여 갖가지 꽃향, 가루향, 말향, 소향, 꽃다발, 영락, 깃발과 일산, 기악들로 공양하며, 약사경을 오색비단으로 만든 주머니에 넣고, 물을 뿌려 깨끗이 청소한 곳에 높은 자리를 마련하고 받들어 모시면, 그때 사대천왕과 권속들과 수많은 하늘 무리들이 모두 그곳에 와서, 공양하며 지키고 보호할 것입니다.

41 세존이시여, 이 보배로운 약사경이 있는 곳이나 저 세존이신 약사유리광여래의 본원공덕과 명호를 받아 지니는 이라면, 이곳은 비명횡사하는 이도 없고, 여러 악귀신들이 정기(精氣)를 빼앗지 못할 것이며, 설령 정기를 빼앗기더라도 본래 상태로 돌아가므로 몸과 마음이 편안하고 즐거울 것입니다."

42 부처님께서 문수사리에게 말씀하셨다.
"그렇도다. 그대가 말한 바와 같으니라. 문수사리여, 만일 청정한 믿음을 지닌 선남자 선녀인들이 저 세존이신 약사유리광여래께 공양하려면, 먼저 약사유리광여래의 형상을 조성하여 정결하고 좋은 자리에 모시고, 갖가지 꽃을 흩뿌리고 갖가지 향을 피우고, 갖가지 당번으로 그곳을 장엄해야 하느니라. 그리고 이레 낮 이레 밤 동안 팔관재계를 받아 지니고, 깨끗한 음식을 먹으며, 깨끗이 목욕하고, 깨끗한 새 옷을 갈아입고, 마땅히 더러운 마음을 내지 않으며, 성내거나 해치는 마음을 없애며, 일체 유정을 이롭고 안락하게 하는 자비희사와 평등한 마음을 일으키며, 악기를 연주하고 찬탄하는 노래를 부르며, 약사여래불의 형상을 오른쪽으로 돌아야 하느니라.

43 또 약사유리광여래의 본원공덕을 생각하고, 이 약사경을 읽고 외우며, 그 뜻을 사유하고 설명하여 주면, 마음에 좋아하여 구하는 것을 모두 다 얻게 되느니라. 오래 살고자 하면 오래 살게 되고, 부귀풍요를 구하면 부귀풍요를 얻게 되고, 벼슬을 구하고자 하면 벼슬을 얻게 되고, 아들딸을 얻고자 하면 아들딸을 얻게 되느니라.

44 만일 어떤 사람이 홀연히 나쁜 꿈을 꾸고, 온갖 나쁜 모양을 보거나, 괴상한 새가 날아와서 앉거

나 머무는 곳에서 온갖 괴상한 일이 일어난다면, 이 사람이 갖가지 좋은 재물을 갖추어 저 세존이신 약사유리광여래께 공경공양하면 악몽과 나쁜 모양과 모든 불길한 일들이 다 사라져 걱정하지 않게 되느니라.

45 만일 물, 불, 칼, 독충, 험한 낭떠러지, 난폭한 코끼리, 사자, 호랑이, 이리, 작은 곰, 큰 곰, 독사, 전갈, 지네, 그리마, 모기 등이 두렵다면 지극한 마음으로 저 약사유리광여래를 지극히 생각하고 공경공양하면 모든 두려움에서 벗어나게 되느니라. 다른 나라가 침략하거나 도적들이 반란을 일으킬 때에도 저 약사유리광여래를 기억하여 공경하면 모든 재난에서 벗어나게 되느니라.

46 또한 문수사리여, 만일 청정한 믿음을 지닌 선남자 선녀인들이 육신이 다하는 순간까지 다른 하늘을 섬기지 않으며 오직 한마음으로 불법승 삼

보에 귀의하여 금계를 받아 지키되, 오계나 십계, 보살 400계, 비구 250계, 비구니 500계를 받아 지닌 가운데, 어쩌다가 계율을 범하여 나쁜 세계에 떨어질까 두려워하더라도 약사유리광여래의 명호를 오로지 생각하며 공경 공양하면 결코 지옥, 아귀, 축생의 삼악취의 보를 받지 않으리라.

47 만일 어떤 여인이 해산할 때, 극심한 고통을 받더라도 지극한 마음으로 약사유리광여래의 명호를 부르면서 예배찬탄하고 공경공양하면 뭇 괴로움이 모두 사라지고, 태어난 아기의 몸이 온전하며 모습은 단정하여 보는 이들이 기뻐하고 근기가 예리하고 지혜가 총명하며 안온하고 병이 적을 것이며 귀신들에게 정기를 빼앗기지 않으리라."

48 그때 세존께서 아난존자에게 말씀하셨다.
"내가 저 세존이신 약사유리광여래께서 지니신 공덕을 드날려 칭송하노니, 이는 모든 부처님께서 아주 깊이 행하시는 경계[甚深行處]로서 알기가 어려운데 그대는 믿을 수 있겠는가?"

49 아난존자가 부처님께 말씀드렸다.
"대덕 세존이시여, 저는 부처님께서 설하신 경전에 대해서 의심하지 않습니다. 왜냐하면 여래의 몸과 입과 마음으로 짓는 모든 업에는 청정하지 않음이 없기 때문입니다. 세존이시여, 해와 달이 떨어지고, 수미산이 무너진다하더라도 부처님의 말씀은 어긋남이 없습니다.

50 세존이시여, 믿음의 뿌리를 갖추지 못한 뭇 중생들은 부처님들께서 아주 깊이 행하시는 경계[甚深行處]를 듣고서 이렇게 생각합니다. '어찌하여 다만 약사유리광여래 한 부처님의 명호만을 생각한다고 곧 그 공덕과 뛰어난 이익을 얻는다고 말씀하시나이까?' 이렇게 믿지 않는 마음으로 말미암아 도리어 비방하는 마음을 내기 때문에 저들은

긴긴 밤 동안 큰 이익과 안락을 잃고 온갖 나쁜 세계에 떨어져서 윤회함에 끝이 없습니다."

51 부처님께서 아난존자에게 말씀하셨다.
"이 유정들이 만일 세존이신 약사유리광여래의 명호를 듣고서 지극한 마음으로 받아 지니고 의심하는 마음을 내지 않는다면 나쁜 세계에 떨어지는 일은 없느니라.
아난이여, 이 모든 부처님들께서 깊고도 깊이 행하시는 바[甚深所行]는 믿기도 알기도 어렵지만, 그대가 이제 받아 지닐 수 있는 것은, 모두가 이와 같은 여래의 위신력임을 마땅히 알아야 하느니라.

52 아난이여, 이는 일체의 모든 성문, 독각과 초지 이하의 보살들은 여실하게 믿거나 이해할 수가 없고, 오직 일생보처보살만이 알 수 있느니라.
아난이여, 사람으로 태어나기 어렵고, 불법승 삼보를 믿고 공경 존중하는 것 또한 어렵지만, 저 약사유리광여래의 명호를 듣는 것은 이보다 곱절이나 더 어려우니라.

53 아난이여, 저 세존이신 약사유리광여래의 무량 보살행과 무량 선교방편과 무량 광대원은 내가 한 겁이나, 한 겁이 지나도록 널리 설하더라도 겁의 시간이 오히려 모자라서 저 부처님의 행원과 선교방편은 다 말할 수 없느니라."

54 그때 구탈이라는 보살마하살이 대중 가운데에 있다가 자리로부터 일어나 오른쪽 어깨를 드러내고 오른쪽 무릎을 땅에 꿇고 몸을 굽혀 합장하여 예배하고 부처님께 말씀드렸다.
"대덕 세존이시여, 상법시대의 여러 중생들이 갖가지 재난으로 걱정을 당하고, 오랜 병으로 마시거나 먹을 수 없어서 몸은 여위고 마르며 목구멍과 입술이 바짝바짝 타고 눈앞이 깜깜하여 죽음에 임박해 있다면, 부모, 친척, 친구, 아는 이들이 그 사람을 에워싸고 눈물을 흘리며 슬피 우는 가운데, 그 몸뚱이는 누워있지만 염마법왕의 사자가 그 신식(神識)을 끌고 염마법왕의 앞으로 데리고 가는 것을 보게 됩니다.

55 모든 유정들에게는 구생신이 있는데 구생신이 그의 죄업과 복업을 빠짐없이 기록하여 염마법왕에게 바치면, 그때 그 왕은 그 사람이 일생 동안 지은 죄복을 따져 묻고, 지은 죄복에 따라 처단합니다. 그때 저 환자의 친척들과 아는 이들이 그를 위하여 저 세존이신 약사유리광여래께 귀의하고, 여러 스님들을 청하여 이 약사경을 읽게 하고, 일곱 층의 등불을 밝히고, 오색으로 된 수명 연장을 기원하는 신령스러운 깃발로 장엄하면, 의식이 곧 돌아와서 염마법왕에게 판결받던 일들을 꿈속의 일처럼 분명하게 기억합니다. 혹은 7일, 21일, 35일, 49일이 지나서 의식이 돌아올 때, 꿈을 꾸다 깨어나서 꿈속의 일들을 기억하는 것처럼 선업과 불선

업, 그 과보 받음을 스스로 기억하여 알게 됩니다.

56 그 업과 과보를 스스로 보고 알기 때문에, 생활이 어렵더라도 나쁜 짓을 저지르지 않게 됩니다. 그러므로 믿음이 깨끗한 선남자 선녀인들은 마땅히 약사유리광여래의 명호를 받아 지니고 힘과 능력에 따라 공경 공양해야 합니다."

57 그때 아난존자가 구탈보살에게 말했다.
"선남자여, 저 세존이신 약사유리광여래께 어떻게 공경 공양해야 하며 수명 연장을 위한 깃발과 등불을 어떻게 만듭니까?"

58 구탈보살이 말하였다.
"대덕(大德)이여, 병자를 병고에서 벗어나게 하려면, 마땅히 그를 위하여 일곱 밤낮 동안 팔관재계를 받아 지니고, 먹을 것과 마실 것, 재물들을 능력껏 준비하여 비구스님들에게 공양하고, 주야육시(晝夜六時) 동안 저 세존이신 약사유리광여래께 예배 공양하며, 이 약사경을 마흔아홉 번 독송하고, 마흔아홉 개의 등불을 밝히며, 일곱 분의 약사유리광여래의 형상을 만들고, 일곱 분의 약사유리광여래의 형상마다 앞에 각각 일곱 개의 등불을 밝히되, 일곱 등의 모양이 마치 수레바퀴처럼 둥글게 만들어서, 49일 동안 등불이 꺼지지 않도록 하며, 길이가 마흔아홉 뼘인 오색찬란한 비단 깃발을 만들어 장엄하고, 마흔아홉의 여러 중생[雜類衆生]들을 방생하면, 위험한 액난을 벗어나며 포악하고 나쁜 귀신들이 해치지 못합니다.

59 또한 아난존자여, 임금이나 왕족 등 지배계급도 재난을 만나는 때가 있나니, 그것은 백성들이 전염병에 걸리는 재난, 다른 나라의 침략을 받아 고통 받는 재난, 자국에서 일어나는 반역난, 별자리에 변괴가 생기는 재난, 일식과 월식의 재난, 때 아닌 비바람으로 인한 재난, 가뭄이 계속되는 재

난 등입니다.

이러한 때에는 왕족 등 지배 계급이나 임금은 모든 유정들에게 마땅히 자비심을 일으켜, 갇혀 있는 죄수들을 풀어주고, 앞서 말한 공양법을 따라서 저 세존이신 약사유리광여래께 공양을 올려야 합니다.

60 이런 선근공덕과 저 약사유리광여래의 본원력으로 말미암아 그 나라는 이내 안전하고 평화로워지며, 비와 바람이 때에 알맞고, 농사는 풍년 들고, 모든 유정들은 질병이 소멸되어 더 없이 행복하게 됩니다. 그 나라 안에는 포악한 야차 등의 나쁜 귀신들이 유정들을 괴롭히지 못하고 일체의 나쁜 일은 즉시에 사라집니다. 그러므로 크샤트리아 관정왕들이 목숨은 늘어나고 건강하며 질병에서 자재로운 이익을 더하게 됩니다.

61 아난존자여, 만일 임금, 왕비, 태자, 왕자, 대신,

재상, 궁녀, 관리, 민중들이 병들어 고통을 받고, 그밖에 다른 재난을 만나더라도, 마찬가지로 오색찬란한 신령스런 깃발을 만들고, 등불을 계속 밝히며, 뭇 생명들을 놓아주고, 여러 가지 꽃을 흩뿌려 장엄하며, 갖가지 향을 피우면 질병은 낫고, 뭇 재난들에서 벗어나게 됩니다."

62 그때 아난존자가 구탈보살에게 물었다.
"선남자여, 어찌하여 이미 다하려는 생명을 늘인다고 합니까?"
구탈보살이 대답하였다.
"대덕이여! 그대는 혹시 여래께서 말씀하신 아홉 가지 비명횡사에 대해 듣지 못하였습니까? 이 까닭에 수명 연장을 기원하는 깃발과 등불을 만들어 장엄하고 갖가지 복덕을 닦도록 권하는 것입니다. 이 복덕을 닦으므로 수명을 마칠 때에 괴로움과 근심을 겪지 않게 됩니다."

63 아난존자가 물었다.

"어떤 것이 아홉 가지 비명횡사입니까?"

64 구탈보살이 대답하였다.

"가벼운 병에 걸린 어떤 유정이 있는데, 치료할 의사나 약품 및 병구완해줄 이가 없으며, 설령 치료해줄 의사를 만나더라도 병에 맞지 않는 약을 주어 실제로는 죽지 않을 병인데도 불구하고 비명횡사합니다.

또 세간의 사마외도와 요사스럽고 간악한 사람들이 망령되게 말하는 길흉화복의 예언을 믿고 이윽고 무섭고 두려운 마음이 생겨서 자기 자신의 마음을 바로 잡지 못하고, 재앙을 점쳐 묻고, 갖가지 짐승을 죽여 신들에게 바치고 빌며 여러 요괴를 불러서 복을 애걸하며, 수명 연장을 빌더라도 끝내 소원은 하나도 이루지 못합니다. 또 어리석어 시비를 못 가리고, 그릇되고 거꾸로 된 것을 믿어 결국에는 비명횡사하여 지옥에 태어나서 지옥을 벗어날 기약이 없으니, 이것이 첫째 비명횡사입니다.

65 둘째 비명횡사는 국법에 잘못 걸려 죽는 것이요.
셋째 비명횡사는 놀이삼아 사냥질하고, 술과 여자에 빠져 방탕하여 절제하지 못하고 나쁜 귀신들한테 정기를 빼앗겨 죽는 것이며.
넷째 비명횡사는 불에 타 죽는 것입니다.
다섯째 비명횡사는 갑자기 물에 빠져 죽는 것이요.

66 여섯째 비명횡사는 갖가지 사나운 짐승에게 잡아먹혀 죽는 것이며,
일곱째 비명횡사는 높은 절벽에서 떨어져서 죽는 것이고,
여덟째 비명횡사는 독약, 저주, 악마감응에 걸린 시신 등의 해침을 입고 죽는 것이며,
아홉째 비명횡사는 굶주림과 목마름의 고통 속에서도 끝내 먹을 것과 마실 것을 얻지 못해서 죽는

것입니다.

이것이 부처님께서 대략 말씀하신 아홉 가지 비명횡사입니다. 그 밖에 또 한량없는 비명횡사가 있지만 다 말하기가 어렵습니다.

67 또한 아난존자여, 저 염마법왕은 세간의 일을 기록한 명부를 주관하여 다스립니다. 만일 유정들 가운데서 효도하지 않거나 오역죄를 짓거나 불법승 삼보를 비방하여 욕되게 하거나 임금과 신하가 지켜야 할 법도를 무너뜨리거나, 불법승 삼보를 믿는 사람과 계율을 잘 지키는 사람을 훼방하는 자가 있으면, 염마법왕은 그 사람의 지은 죄의 가벼움과 무거움을 따져 처벌합니다.

68 그러므로 내가 이제 여러 유정들에게 등불을 켜고 깃발을 만들며, 방생수복을 권하는 것은 괴로움과 뜻밖에 당하는 어려운 일을 벗어나서 뭇 어려움을 만나지 않게 하려함입니다."

69 그때 무리 가운데 열두 야차대장들이 법회에 참석하였으니 이른 바, 꿈비라 대장, 바즈라 대장, 메칼라 대장, 안디라 대장, 아닐라 대장, 샨띨라 대장, 인드라 대장, 빠즈라 대장, 바훌라 대장, 찬드라 대장, 차뚜라 대장, 비까라 대장이었다.

70 이들 열 두 야차대장들은 저마다 7천 야차를 거느리고 있는데 한 목소리로 부처님께 말씀드렸다. "세존이시여, 저희들은 이제 부처님의 위신력에 힘입어 세존이신 약사유리광여래의 명호를 듣고 다시는 나쁜 세계에서도 두려움이 없겠습니다.

71 저희들은 서로 한 마음이 되어 몸이 다할 때까지 불법승 삼보에 귀의하겠나이다. 맹세코 모든 유정들을 떠맡아 올바르고 이익되고 풍요롭고 안락하게 하겠나이다.

72 어떤 마을이나 도시, 도읍, 한적한 숲속에서라도

이 경을 널리 펴거나 약사유리광여래의 명호를 받아 지니며 공경하고 공양하는 사람들이 있다면 저희 권속들은 이 사람들을 보호하여 지키고 모든 괴로움과 어려움에서 벗어나게 하고 바라는 것과 구하는 것을 모두 만족하게 하겠나이다.

73 또 질병과 액난에서 벗어나려면 이 경을 읽고 외우며, 저희들의 이름을 오색비단에 적어 매듭 지어 놓으면, 소원을 이룬 뒤에 풀어지도록 하겠나이다."

74 그때 세존께서 야차대장들을 칭찬하며 말씀하셨다.
"훌륭하고 훌륭하도다. 대야차 대장들이여, 그대들은 세존이신 약사유리광여래의 은덕에 보답하려는 생각으로 항상 이처럼 모든 유정들에게 이익과 안락을 주려 하는구나."

75 그때 아난존자가 부처님께 말씀드렸다.
"세존이시여, 이 가르침의 이름은 무엇이오며, 저희들이 어떻게 받들어 지녀야 하나이까?"

76 부처님께서 아난존자에게 말씀하셨다.
"이 가르침의 이름은 '약사유리광여래본원공덕'이고, 또 '십이신장요익유정결원신주'라 하며, 또 '발제일체업장'이라고도 하니 마땅히 이와 같이 받아 지녀야 하느니라."

77 부처님께서 법문을 모두 마치시자 모든 보살마하살, 대성문, 국왕, 대신, 바라문, 거사, 천, 용, 야차, 간다르바, 아수라, 가루다, 킨나라, 마호라가, 인비인 등 모든 대중들이 부처님의 법문을 듣고 모두가 크게 환희하며 믿어 받아 지니고 받들어 행하였다.

약사유리광여래본원공덕경 끝.

약사유리광 칠불본원공덕경

석법안 스님 우리말 번역

이와 같이 나는 들었다.

한때 부처님께서는 여러 나라를 다니며 교화하시다가 바이샬리에 도착하여 낙음수 아래에 계셨다. 팔천 명의 대비구들과 삼만육천의 보살마하살과 함께 계셨는데, 그들의 이름은 문수사리보살, 관자재보살, 미륵보살, 선현보살, 대혜보살, 명혜보살, 산봉보살, 변봉보살, 지묘고봉보살, 불공초월보살, 미묘음보살, 상사유보살, 집금강보살들이었으니, 위대한 상수보살들이었다. 그리고 부처님을 여러 국왕과 대신, 바라문, 거사, 천신(天神), 용 등 팔부 신중(神衆)과 인비인(人非人) 등 헤아릴 수 없이 많은 대중들이 공경히 둘러앉았고, 부처님께서 설법하셨다.

부처님의 가르침은 처음과 중간과 끝이 한결같이 선량하고 뜻이 오묘하여 순일(純一)하고 원만한, 이렇듯 청정하고 선백(鮮白)한 범행(梵行)의 모습을 보이고 가르치시며 이롭고 기쁘게 하셔서,

모든 이로 하여금 미묘한 수행과 원력을 갖추어 위없는 진리에 나아가게 하셨다.

그때 문수사리법왕자보살마하살이 부처님의 위신력을 받들어 자리에서 일어나 오른쪽 어깨를 드러내고 오른쪽 무릎을 땅에 꿇고서 부처님께 공경스레 합장하고 여쭈었다.

"세존이시여, 지금 헤아릴 수 없이 많은 인간과 천신들이 법문을 듣기 위하여 모두 구름같이 모였습니다. 부처님께서는 처음 발심하신 때로부터 지금에 이르기까지 헤아릴 수 없는 오랜 세월 동안에 여러 부처님 세계를 보셨기에 알지 못한 일이 없으십니다.

원하옵나니, 저희들과 미래 상법(像法) 세상의 중생들을 위하여 여러 부처님들의 명호와 본원(本願)의 공덕과 국토의 장엄과 선교방편(善巧方便)의 차별상(差別相)을 말씀하셔서 모든 듣는 이로 하여금 업장을 소멸하고 진리에서 물러나지 않게 하옵소서."

이에 세존께서 문수사리보살을 칭찬하시고는 말씀하셨다.

"훌륭하도다. 문수사리여, 그대는 대비(大悲)로써 중생을 불쌍히 여겨 헤아릴 수 없이 많은 업장에 얽힌 유정들의 온갖 질병과 근심과 슬픔과 괴로움을 가엾이 여기고 그들을 안락하게 하기 위하여 나에게 여러 부처님의 명호와 본원의 공덕과 국토의 장엄을 말하여 주기를 청하는구나. 이는 여래의 위신력으로 말미암아 이런 질문을 하게 되었으니 그대는 자세히 듣고 지극히 잘 사유하라. 그대를 위해 설하리라."

문수사리가 말씀드렸다.

"오직 설하옵소서! 저희들은 즐거이 듣겠나이다."

부처님께서는 문수보살에게 말씀하셨다.

"여기에서 동쪽으로 네 항하사의 불국토를 지나

면 '광승(光勝)세계'가 있으니, 부처님의 명호는 선명칭길상왕여래(善名稱吉祥王如來), 응공(應供), 등정각(等正覺), 명행원만(明行圓滿), 선서(善逝), 세간해(世間解), 무상장부(無上丈夫), 조어사(調御士), 천인사(天人師), 불(佛), 세존(世尊)이시니라. 지금은 무량억의 불퇴(不退) 보살들에게 둘러싸여 칠보로 신묘하게 장엄된 사자좌(獅子座)에 앉아 법을 설하고 계시느니라.

　문수사리여, 그 불국토는 청정하고 장엄하며, 가로와 세로가 백천 유순이나 되고 염부단금(閻浮檀金)으로 된 그 땅은 평탄하고 부드러우며, 향기로움이 마치 천상의 향 같고, 모든 악도[惡趣]와 여인(女人)이란 이름조차 없느니라. 기와조각과 자갈과 가시덤불 등이 없고 보배나무가 줄을 지었으며, 꽃과 과일이 무성하고 목욕하는 못이 곳곳에 있는데 모두 금, 은, 진주 등 온갖 보배로 섬돌과 둘레를 쌓았느니라.

문수사리여, 그 국토에 있는 보살들은 모두 칠보연꽃 속에 화생(化生)하느니라. 그러므로 청정한 믿음을 지닌 선남자 선녀인은 모두가 그 국토에 태어나기를 원해야 하느니라. 문수사리여, 그 부처님, 여래, 응공, 정등각께서는 처음 발심하여 보살도를 수행할 때로부터 여덟 가지 큰 서원을 세웠느니라. 그 여덟 가지가 무엇인가 하면,

첫째 대원은, '바라옵건대 내가 오는 세상에서 위없는 보리(菩提)를 얻을 때에, 어떤 중생이 몸에 열병, 학질, 기생충의 병고가 닥쳐 간절하고 마귀의 홀림과 송장을 일으키는 귀신 등에 시달리더라도 지극한 마음으로 나의 이름을 부른다면, 그 힘으로 말미암아 병고가 모조리 소멸되고 마침내 위없는 보리를 얻게 하리라.'

둘째 대원은, '바라옵건대 내가 오는 세상에서 보리를 얻을 때에, 어떤 중생이 눈이 멀거나, 귀가 먹거나, 벙어리이거나, 나병, 간질병, 정신병 같

은 온갖 병에 시달리더라도 지극한 마음으로 나의 이름을 부른다면, 그 힘으로 말미암아 모든 감관[根]이 온전하고 모든 질병이 소멸되며 마침내 보리를 얻게 하리라.'

셋째 대원은, '바라옵건대 내가 오는 세상에서 보리를 얻을 때에, 어떤 중생이 탐, 진, 치(貪, 嗔, 痴)에 얽혀 무간지옥에 떨어질 죄를 짓고 갖가지 악행을 저지르며, 바른 법을 비방하고 어떠한 선행도 하지 않아 저절로 지옥에 떨어져 온갖 고통을 받게 되었더라도 지극한 마음으로 나의 이름을 부른다면, 그 힘으로 말미암아 무간지옥에 떨어질 죄와 모든 업장이 모조리 소멸되어 악도에 떨어지는 중생이 없고 언제나 천상의 수승한 안락을 받으며 마침내 보리를 얻게 하리라.'

넷째 대원은, '바라옵건대 내가 오는 세상에서 보리를 얻을 때에, 어떤 중생이 입고 먹을 것과 침구와 영락, 재물, 보배, 향, 꽃, 음악 등이 없거나 모자라더라도 지극한 마음으로 나의 이름을 부른다면, 그 힘으로 말미암아 곤궁하였던 살림이 모두 풍족하게 되고 마침내 보리를 얻게 하리라.'

다섯째 대원은, '바라옵건대 내가 오는 세상에서 보리를 얻을 때에, 어떤 중생이 목에 칼이 씌워지거나 그 몸이 쇠사슬에 얽매이고 매를 맞는 심한 괴로움을 받더라도 지극한 마음으로 나의 이름을 부른다면, 그 힘으로 말미암아 당하던 괴로움에서 모두 벗어나고 마침내 보리를 얻게 하리라.'

여섯째 대원은, '바라옵건대 내가 오는 세상에서 보리를 얻을 때에, 어떤 중생이 험난한 곳에서 사나운 곰, 사자, 범, 표범, 이리 등과 독사, 살모사, 전갈 등과 같은 짐승들의 해침을 받아 그 목숨이 끊어지려 할 때, 큰 비명을 지르는 등 심한 고통을 받다가도 지극한 마음으로 나의 이름을 부른다면, 그 힘으로 말미암아 공포에서 벗어나고 사나운 짐승들도 모두 자비심을 일으키며 언제나 안락함을

얻고 마침내 보리를 얻게 하리라.'

　일곱째 대원은, '바라옵건대 내가 오는 세상에서 보리를 얻을 때에, 어떤 중생이 다툼과 송사로 인해 못내 걱정되더라도 지극한 마음으로 나의 이름을 부른다면, 그 힘으로 말미암아 다투고 송사하는 일들이 다 풀려 서로 자비한 마음으로 대하고 마침내 보리를 얻게 하리라.'

　여덟째 대원은, '바라옵건대 내가 오는 세상에서 보리를 얻을 때에, 어떤 중생이 강과 바다에서 모진 바람을 만나 배가 뒤집히려 하고 의지할만한 섬 같은 것도 없어 사무치도록 걱정하고 공포에 휩싸였을지라도 지극한 마음으로 나의 이름을 부른다면, 그 힘으로 말미암아 모두 마음먹은 대로 편안한 곳에 이르러 온갖 행복을 얻고 마침내 보리를 얻게 하리라.' 였느니라.

　문수사리여, 이러한 것이 그 부처님 곧 여래, 응공, 정등각께서 보살도를 수행할 적에 세웠던 미묘하고 큰 여덟 가지 서원이었느니라. 또한, 그 부처님은 처음 발심한 때부터 항상 선정(禪定)의 힘으로써 중생들로 하여금 늘 여러 부처님께 공양하게 하며 또한 그 국토를 청정하게 장엄하느니라. 모든 보살의 권속이 한결같이 원만하며 이 복덕이 불가사의하므로 일체 성문(聲聞)이나 독각(獨覺)으로서는 제아무리 많은 세월을 두고 말해도 그 공덕을 다 말할 수 없느니라. 그러나 여래나 보처보살은 그렇지 않느니라.

문수사리여, 청정한 믿음을 지닌 남자나 여인, 국왕, 대신, 장자, 거사가 마음속으로 복덕을 희망하여 모든 번뇌를 끊고 그 부처님의 명호를 부르며, 이 경전을 읽고 지극한 마음으로 그 부처님을 존경하고 공양한다면, 있었던 일체 죄악과 업장과 온갖 병고가 다 소멸하고 모든 소원이 뜻대로 이루어지고, 진리에서 물러나지 않는 불퇴전의 자리를 얻고 마침내 보리를 성취하게 되느니라.

또한 문수사리여, 여기에서 동쪽으로 다섯 항하사의 불국토를 지나면 '묘보(妙寶)세계'가 있으니, 부처님의 명호는 보월지엄광음자재왕여래(寶月智嚴光音自在王如來), 응공, 정등각이고 헤아릴 수 없이 많은 보살들에게 둘러싸여 지금 법을 설하고 계시나니, 그 가르침은 한결같이 미묘하고 깊은 대승(大乘)의 진리이니라.

문수사리여, 그 부처님께서는 처음 발심하여 보살도를 수행할 때부터 여덟 가지 큰 서원을 세웠나니, 무엇이 여덟 가지인가 하면,

첫째 대원은, '바라옵건대 내가 오는 세상에서 보리를 얻을 때에, 어떤 중생들이 농업이나 상업을 영위하느라고 마음이 어수선하여 수승하고 선한 법인 보리를 수행하는 것을 그만두고 생사에서 헤어나지 못하여 제각기 끝이 없는 괴로움을 받다가도 지극한 마음으로 나의 이름을 부른다면, 그 힘으로 말미암아 의복, 음식 등 생활에 필요한 물

건과 금, 은, 보배가 소원대로 충족하며 그들의 선근(善根)이 더욱 자라게 되고 또한 보리심을 여의지 아니하여 모든 악도의 괴로움을 모조리 벗어나며 마침내 보리를 얻게 하리라.'

둘째 대원은, '바라옵건대 내가 오는 세상에서 보리를 얻을 때에, 시방세계에 있는 중생이 춥고 덥고 배고프고 목마름에 시달려 혹심한 괴로움을 받다가도 지극한 마음으로 나의 이름을 부른다면, 그 힘으로 말미암아 전생의 죄업이 다 소멸하여 모든 괴로움을 여의고 인간과 천상의 행복을 받으며 마침내 보리를 얻게 하리라.'

셋째 대원은, '바라옵건대 내가 오는 세상에서 보리를 얻을 때에, 시방세계에 있는 여인이 음욕을 탐하는 번뇌가 마음을 가려 계속 임신하여 그 몰골이 몹시 밉상스럽고 또한 아기를 낳을 적에 혹심한 괴로움을 받다가도 잠시라도 나의 이름을 듣거나 부르고 생각한다면, 그 힘으로 말미암

아 모든 괴로움이 다 소멸하고 그 몸을 마친 뒤에는 항상 남자로 태어나며 마침내 보리를 얻게 하리라.'

넷째 대원은, '바라옵건대 내가 오는 세상에서 보리를 얻을 때에, 어떤 중생이 부모나 형제, 자매, 처자, 권속이나 친구들과 함께 험난한 곳을 지나다가 도적을 만나 온갖 괴로움을 받더라도 잠깐 동안이나마 나의 이름을 듣거나 부르고 생각한다면, 그 힘으로 말미암아 모든 고난에서 벗어나고 마침내 보리를 얻게 하리라.'

다섯째 대원은, '바라옵건대 내가 오는 세상에서 보리를 얻을 때에, 중생이 깜깜한 밤에 일을 하다가 흉악한 귀신에게 홀려 몹시 괴롭더라도 잠시나마 나의 이름을 듣거나 부르고 생각한다면, 그 힘으로 말미암아 어두운 데서 환한 밝음을 만나고 모든 흉악한 귀신도 자비로운 마음을 내게 되며 마침내 보리를 얻게 하리라.'

여섯째 대원은, '바라옵건대 내가 오는 세상에서 보리를 얻을 때에, 어떤 중생이 나쁜 짓을 일삼으며 삼보를 믿지 않고 지혜가 모자라 선법도 닦지 않으며, 근(根), 력(力), 각(覺), 도(道), 념(念), 정(定), 총지(總持) 등 어떠한 바른 행법(行法)도 닦지 않았더라도 지극한 마음으로 나의 이름을 부른다면, 그 힘으로 말미암아 지혜가 점점 자라서 삼십칠조도품(三十七助道品)을 모두 배워 닦게 되고 삼보를 깊이 믿으며 마침내 보리를 얻게 하리라.'

일곱째 대원은, '바라옵건대 내가 오는 세상에서 보리를 얻을 때에, 어떤 중생이 쓸데없는 것을 좋아하여 이승(二乘)의 법만을 수행하고 위없이 수승한 진리를 포기하고 등졌더라도 지극한 마음으로 나의 이름을 부른다면, 이승의 소견을 버리고 위없는 깨달음에서 물러나지 않게 되며 마침내 보리를 얻게 하리라.'

여덟째 대원은, '바라옵건대 내가 오는 세상에

서 보리를 얻을 때에, 어떤 중생이 장차 겁(劫)이 다할 때 천지를 태우는 큰 불이 일어나려고 하는 것을 보고 큰 근심과 공포에 싸여 괴로워하고 슬퍼하는 것은 그 전생의 나쁜 업력으로 말미암은 까닭이니, 이와 같은 온갖 괴로움을 받고 의지할 데가 없더라도 지극한 마음으로 나의 이름을 부른다면, 모든 걱정과 괴로움이 모조리 사라져서 청정한 안락을 누리고 그 목숨이 다한 뒤에는 나의 불국토(佛國土)에서 연꽃 속에 화생(化生)하여 항상 선법을 닦고 마침내 보리를 얻게 하리라.'였느니라.

문수사리여, 이러한 것이 그 부처님 곧 여래, 응공, 정등각께서 보살도를 수행할 적에 세우신 여덟 가지 미묘하고도 큰 서원이니라. 그리고 그 부처님이 계시는 불국토는 광대하고 엄정하며, 청정하고 손바닥과 같이 평탄하며, 미묘한 천상의 향기로운 나무가 줄을 지었는데, 천상의 꽃이 두루 만발하고 항시 천상의 음악이 울리며, 미묘한 천상의 방울이 곳곳마다 달렸으며, 천상의 보배로 부처님의 사자좌를 장엄하였고 또한 천상의 보배로 미묘한 목욕장의 둘레를 쌓았으며, 그 땅은 부드러워 모든 기와조각과 자갈이 없느니라. 거기에는 여인(女人)이 없고 일체 번뇌가 없으며, 모두가 물러나지 않는 지위에 이른 보살들로서 연꽃 속에 화생하였으니, 마음만 먹으면 음식 의복과 모든 생활 도구가 뜻대로 그 앞에 나타나므로 이름을 묘보(妙寶)세계라 하느니라.

문수사리여, 청정한 믿음을 지닌 남자나 여인 또는 임금, 왕자, 대신, 왕후, 궁녀들이 주야육시(晝夜六時)로 그 부처님을 깊이 존중하여 지극한 마음으로 공경하고 공양하며 그 이름을 부르며 형상을 모셔놓고 향기로운 꽃, 음악, 태우는 소향, 가루향, 바르는 도향 등을 받들어 올리되, 이레 동안 청정하고 엄숙하게 팔재계(八齋戒)를 지키면서 그 국토에 나기를 원한다면, 그 부처님과 모든 보살이 그를 보살펴주셔서 일체 죄업이 모두 소멸되고 위없는 보리에서 물러나지 않게 되며 탐, 진, 치가 점차 줄어들게 되느니라. 온갖 병고가 없어져 수명이 길어지며, 바라는 일들이 모두 뜻대로 되고 다투던 원수가 함께 기뻐하며, 그 몸을 마친 뒤에는 그 부처님의 국토에 가서 연꽃 속에 화생하느니, 그때에는 정념(正念)과 정정(正定)과 총지(總持)를 모두 다 분명히 알게 되느니라.

문수사리여, 마땅히 이와 같이 알지니 저 부처님의 이름과 한량없는 공덕을 듣게 되는 이는 그 소원을 모두 다 이루느니라.

또한 문수사리여, 여기에서 동쪽으로 여섯 항하사의 불국토를 지나면 '원만향적(圓滿香積)세계'가 있으니, 그 부처님의 명호는 금색보광묘행성취여래(金色寶光妙行成就如來), 응공, 정등각이신데, 지금 헤아릴 수 없는 억 만의 보살들에게 둘러싸여

법을 설하고 계시느니라.

문수사리여, 그 부처님께서는 처음 발심하여 보살도를 수행하실 때로부터 네 가지 큰 서원을 세웠나니 무엇이 네 가지인가 하면,

첫째 대원은, '바라옵건대 내가 오는 세상에서 보리를 얻을 때에, 어떤 중생이 갖가지로 살생하는 업을 지어 많은 생명을 죽였고 그 나쁜 업으로 말미암아 지옥의 괴로움을 받으며, 설령 사람으로 태어나더라도 수명이 짧고 병이 많거나 물이나 불, 창, 칼, 독 등의 상해를 입어 죽을 지경에 처하였더라도 나의 이름을 듣고 지극한 마음으로 부르고 생각한다면, 그 힘으로 말미암아 있었던 나쁜 업이 모두 소멸되고 무병장수하여 횡사를 당하지 않으며 마침내 보리를 얻게 하리라.'

둘째 대원은, '바라옵건대 내가 오는 세상에서 보리를 얻을 때에, 어떤 중생이 여러 악업을 짓고 남의 재물을 훔쳐서 악도에 떨어지게 되었거나 설

령 사람으로 태어나더라도 가난한 집에 나서 입고 먹을 것이 모자라 늘 온갖 괴로움을 받더라도 나의 이름을 듣고 진실한 마음으로 부르고 생각한다면, 그 힘으로 말미암아 있었던 악업이 모조리 소멸되고 의복과 음식이 모자라는 바가 없으며 마침내 보리를 얻게 하리라.'

셋째 대원은, '바라옵건대 내가 오는 세상에서 보리를 얻을 때에, 어떤 중생이 서로 오만하며 무시하고 깔보아서 원수가 되었더라도 나의 이름을 듣고 지극한 마음으로 부르고 생각한다면, 그 힘으로 말미암아 오히려 제각기 부모처럼 자비심을 내고 마침내 보리를 얻게 하리라.'

넷째 대원은, '바라옵건대 내가 오는 세상에서 보리를 얻을 때에, 탐욕과 진에와 우치에 얽힌 어떤 중생이 집을 떠나 출가하거나 집에 있는 남, 여 등 일곱 종류의 부처님 제자가 되어 부처님께서 금하신 계율을 범하고 여러 악업을 지어서 지옥에 떨어져 갖가지 괴로운 과보를 받게 되었더라도 나의 이름을 듣고 지극한 마음으로 부르고 생각한다면, 그 힘으로 말미암아 있었던 악업이 모두 소멸되고, 모든 번뇌가 끊어지며, 계율을 공경히 받들어 몸과 말과 마음을 잘 지키고 다시는 물러나지 않는 불퇴전의 자리에 이르며, 마침내 보리를 얻게 하리라.' 였느니라.

문수사리여, 이것이 그 부처님 곧 여래, 응공, 정등각께서 보살도를 수행할 적에 세웠던 네 가지 미묘하고도 큰 서원이었느니라.

문수사리여, 그 부처님이 계시는 국토는 광대하고 엄정하며 청정하여 평탄하기가 손바닥과 같으며 모두 보배로 이루어졌고, 늘 향기를 풍기는 것이 마치 신묘한 전단향과 같으며 또한 향기로운 나무가 줄을 지었고 천상의 아름다운 영락과 마니 등 보배가 곳곳에 드리워졌느니라. 여러 곳에 마련된 목욕장은 천상의 보배로 장엄하게 꾸며졌는데 온갖 공덕을 온전히 갖춘 향기로운 물로 가득하고 그 네 가장자리에는 미묘한 비단이 드리워졌느니라. 팔방의 도로는 곳곳마다 장엄하고 거기에 사는 중생들에게는 모든 번뇌와 걱정하고 슬퍼하는 괴로움이 없으며 또한 여인이 없고 지위에 오른 보살들이 헤아릴 수 없이 많으며, 승묘한 풍악이 저절로 울려 미묘하고 깊은 대승법을 펼쳐 설하니, 중생이 그 소리를 듣는다면 위없는 보리에서 물러나지 않게 되느니라.

문수사리여, 저 부처님 여래께서는 전생의 원력과 선교방편으로써 불국토를 원만하게 장엄하시고 보리좌에 앉으셔서, '미래세의 중생들이 탐, 진, 치에 얽혀서 갖은 병고에 시달리고 원수가 기회를 노리고 갑작스런 횡사를 당하며, 그러한 악업으로 말미암아 지옥에 떨어져 극심한 괴로움을 받는구나.' 하고 생각하시고 가엾이 여기시느니라. 저 부처님께서는 이러한 고통받는 중생들을 보시고 그들의 업장을 없애주기 위하여 신주(神呪)를 말씀하여 그들로 하여금 받아 지니게 하셨으니, 현세에서 큰 이익을 얻고 모든 괴로움을 여의며 보리에 머물 수 있기 때문이니라. 주문은 곧 이러하니라.

따디야타, 씻데 씻데 쑤-씻데, 모차니 목샤니 묵떼 위묵떼, 아말레 위말레 망갈레 히란냐-가르베 라트나-가르베, 싸르와 아르타-싸다니, 빠라마르타-싸다니, 마나씨 마하-마나씨, 아드부떼 아띠야드부떼 위따 브하예.

쑤-와르나 브라마-고쉐 브라마-계쉬테, 싸르와 아르테쉐 싸르와 아바라나 아빠라지떼, 싸르와프라 아쁘라띠하떼, 챠뚜샤쉬띠 붓다 꼬띠 바쉬떼. 나마 싸르와 따타가따남 쓰와하."

그때 세존께서 위대한 힘과 위대한 광명을 갖춘

이 주문을 말씀하시니 대중 가운데 있던 여러 보살과 사천왕, 제석천, 범천 등이 찬탄하여 말씀드렸다.

"거룩하고 거룩하십니다. 대자대비하신 세존이시여, 과거 부처님의 위대한 신력(神力)을 갖춘 신주를 이와 같이 말씀하심은 한량없는 중생에게 이로움을 주기 위함이니, 번뇌의 바다를 마르게 하고 열반의 언덕에 오르게 하며 온갖 병을 없애고 모든 소원이 이루어지게 하옵니다."

부처님께서는 대중에게 말씀하셨다.

"만약 청정한 믿음을 지닌 남자나 여인, 임금, 왕자, 대신, 재상, 왕비, 궁녀들이 진정으로 복덕을 원하여 이 신주에 대하여 믿고 공경하는 마음을 내어 독송하거나, 남을 위하여 그 뜻을 설명하여 주고 모든 중생에게 자비한 마음을 내며, 주야육시(晝夜六時)로 향과 꽃, 등불로써 정성껏 공양하고 깨끗이 목욕을 하며 팔재계를 지키면서 지극한 정성으로 염송한다면, 아무리 무겁고 끝이 없는 업장이라도 다 소멸하여 현세에서 모든 번뇌가 사라지고 수명이 다하려 할 적에도 여러 부처님께서 보살펴주시니 바로 그 국토에 가서 연꽃 속에 화생하게 되느니라.

또한 문수사리여, 여기에서 동쪽으로 일곱 항하사의 불국토를 지나면 '무우(無憂)세계'가 있으니, 그 부처님의 명호는 무우최승길상여래(無憂最勝吉祥如來), 응공, 정등각이신데, 지금 그곳 대중을 위하여 법을 설하고 계시느니라.

그 부처님께서 계시는 불국토는 광대하고 엄정하고 청정하며 땅은 손바닥과 같이 평탄하고 모두 보배로 이루어졌는데 곱고 매끄럽고도 부드러우며 언제나 향기가 나느니라. 근심과 고통의 소리가 없고 모든 번뇌가 없으며 또한 악도도 없고 여인이란 이름마저 없느니라. 둘레가 금으로 꾸며진 목욕장이 곳곳에 마련되어 향기로운 물이 가득하며, 보배나무가 줄을 지었고 꽃과 과일이 무성하며, 승묘한 음악이 저절로 울리는 것이 마치 서방 극락세계 무량수(無量壽) 부처님 국토의 공덕 장엄과 같으니라.

문수사리여, 그 부처님께서는 보살도를 수행하실 적에 네 가지 큰 서원을 세웠나니, 무엇이 네 가지인가 하면,

첫째 대원은, '바라옵건대 내가 오는 세상에서 보리를 얻을 때에, 어떤 중생이 늘 걱정과 고통에 얽매어 시달리더라도 나의 이름을 듣고 지극한 마음으로 부르고 생각한다면, 그 힘으로 말미암아 모든 걱정과 슬픔과 고뇌가 다 소멸되어 수명이 길어지고 안온하며 마침내 보리를 얻게 하리라.'

둘째 대원은, '바라옵건대 내가 오는 세상에서 보리를 얻을 때에, 어떤 중생이 많은 악업을 지어 깜깜한 무간지옥에 떨어져 온갖 괴로움을 받게 되었더라도, 그들이 전생에 나의 이름을 들었음으로

말미암아 내가 바로 몸에서 광명을 내어 괴로움 받는 중생을 비춰 줄 것이니라. 그 힘으로 말미암아 그들이 그 광명을 보는 즉시 있었던 업장이 모두 소멸되어 모든 괴로움에서 벗어나고 인간이나 천상에 태어나서 마음껏 안락을 누리며, 마침내 보리를 얻게 하리라.'

셋째 대원은, '바라옵건대 내가 오는 세상에서 보리를 얻을 때에, 어떤 중생이 살생과 도둑질과 사음 등 많은 악업을 지으면 현세에는 칼과 몽둥이의 괴로움을 받고, 다음 생에는 응당 악도에 떨어지느니라. 설령 사람으로 태어나더라도 수명이 짧고 병이 많으며 가난하고 비천한 집에 나서 의복과 음식이 항상 모자라 언제나 추위와 더위와 굶주림과 목마름의 괴로움을 받아 몸에는 생기가 없고 가까운 권속들마저도 모두 어질지도 착하지도 않다고 하더라도 나의 이름을 듣고 지극한 마음으로 부르고 생각한다면, 그 힘으로 말미암아 음식과 의복이 소원대로 이루어지고 천상처럼 몸의 광채가 사랑스러우며, 또 좋은 권속을 얻고 마침내 보리를 얻게 하리라.'

넷째 대원은, '바라옵건대 내가 오는 세상에서 보리를 얻을 때에, 어떤 중생이 야차 등 온갖 흉악한 귀신에 홀려서 정기를 빼앗기고 온갖 괴로움을 받더라도 나의 이름을 듣고 지극한 마음으로 부르고 생각한다면, 그 힘으로 말미암아 모든 야차, 귀신 등이 흩어지고 물러가며 제각기 자비로운 마음을 내고 온갖 괴로움을 벗어나게 되며 마침내 보리를 얻게 하리라.' 였느니라.

문수사리여, 이것이 그 부처님 곧 여래, 응공, 정등각께서 세웠던 네 가지 미묘하고 큰 서원이었느니라.

어떤 중생이 그 부처님의 명호를 듣고 주야육시(晝夜六時)로 부르고 예배하며 지극한 마음으로 공양을 올리고 중생들에게 자비한 마음을 낸다면 그 업장이 모두 소멸되고 걱정과 괴로움에서 벗어나며 병이 없어지고 수명이 길어지며 또한 숙명통을 얻고 그 불국토에 가서 연꽃 속에 화생하여 항상 모든 천상의 호위를 받게 되느니라.

문수사리여, 그 부처님의 명호를 부른다면 이와 같은 한량없는 복업이 생기나니, 그 불국토를 세운 원력과 장엄과 수승한 공덕 등은 부처님이 아닌 성문이나 연각은 알 수가 없느니라.

또한 문수사리여, 여기에서 동쪽으로 여덟 항하사의 불국토를 지나면 '법당(法幢)세계'가 있으니, 그 부처님의 명호는 법해뇌음여래(法海雷音如來), 응공, 정등각이신데 지금 법을 설하고 계시느니라.

문수사리여, 그 부처님께서 계시는 국토는 청정하여 더러움이 없고 땅은 평탄하며, 수정[頗梨]으로 이루어졌고 언제나 광명이 비치며 향기가 충만하니라. 성곽은 제석천의 푸른 보배로 쌓였고 팔방의 거리는 금, 은으로 깔렸으며, 누각과 전당,

용마루와 창문, 난간 등이 모두 다 여러 보배로 꾸며졌고 천상의 향기로운 보배 나무는 곳곳마다 줄을 지었으며, 그 나무 가지에는 천상의 비단이 걸렸고 또한 보배 방울이 곳곳에 달려있어서 미풍이 산들거리면 미묘한 소리가 울리면서 저절로 무상(無常), 고(苦), 공(空), 무아(無我)의 법문을 막힘없이 연설하니 듣는 중생은 욕계의 속박을 여의고 점차로 습기(習氣)가 제거되어 깊고 깊은 선정(禪定)을 증득하게 되느니라. 또한 천상의 신묘한 향과 꽃이 흩날리는데 그 사방에 마련된 여덟 개의 목욕탕은 찬란한 금모래가 바닥에 깔렸으며 언제나 향기로운 물이 가득 차있느니라.

문수사리여, 그 국토에는 어떠한 악도도 없고 또한 여인도 없으며 모든 이가 연꽃 속에 화생하여 일체 번뇌가 없느니라. 저 부처님께서 보살도를 수행하실 때 네 가지 큰 서원을 세웠나니 무엇이 네 가지인가 하면,

첫째 대원은, '바라옵건대 내가 오는 세상에서 보리를 얻을 때에, 어떤 중생이 삿된 소견을 가진 집안에 태어나서 불, 법, 승 삼보를 믿지 않고 위없는 보리심을 아주 여의었더라도 나의 이름을 듣고 지극한 마음으로 부르고 생각한다면, 그 힘으로 말미암아 무명(無明)과 삿된 지혜[邪慧]가 하루 만에 소멸되고 삼보에 대한 깊고 바른 신심을 내며 다시는 물러나지 않고 마침내 보리를 얻게 하리라.'

둘째 대원은, '바라옵건대 내가 오는 세상에서 보리를 얻을 때에, 어떤 중생이 변두리 땅에 태어나서 나쁜 벗을 가까이하여 여러 죄업을 짓고 선품(善品)을 닦지 않았으며, 삼보는 이름조차 듣지 못하여 목숨을 마친 뒤에는 삼악도에 떨어졌더라도 이러한 중생이 잠깐 동안이라도 나의 이름을 듣는다면, 그 힘으로 말미암아 업장이 소멸되고 선지식을 만나며 악도에서 벗어나 마침내 보리를

얻게 하리라.'

셋째 대원은, '바라옵건대 내가 오는 세상에서 보리를 얻을 때에, 어떤 중생이 의복과 음식, 침구, 의약 등 모든 생활에 필요한 물건들이 없거나 모자라서 큰 걱정과 괴로움이 생기고 그것들을 구하기 위하여 여러 악업을 짓게 되었더라도 나의 이름을 듣고 지극한 마음으로 부르고 생각한다면, 그 힘으로 말미암아 부족한 것이 모두 마음대로 얻어지고 마침내 보리를 얻게 하리라.'

넷째 대원은, '바라옵건대 내가 오는 세상에서 보리를 얻을 때에, 어떤 중생이 전생의 악업으로 말미암아 서로 다투고 손해를 끼치며 활이나 칼, 몽둥이 등으로 서로 상해를 입히게 되었더라도 나의 이름을 듣고 지극한 마음으로 부르고 생각한다면, 그 힘으로 말미암아 각자에게 자비심이 일어나서 서로 다치게 하지 않고 착하지 않은 생각은 나지도 않거늘 하물며 다른 이의 목숨을 해치려고 하겠는가. 항상 기쁜 마음으로 남에게 베풀어 주며 마침내 보리를 얻게 하리라.' 였느니라.

문수사리여, 이러한 것이 그 부처님, 여래, 응공, 정등각께서 보살도를 수행할 때 세웠던 네 가지 미묘하고 큰 서원이었느니라.

만약 청정한 믿음을 지닌 남자나 여인이 그 부처님의 명호를 듣고 지극한 마음으로 예배하며, 겸손하고 정중하게 공양하고 받아 지녀 생각하고 외운다면 업장이 소멸되며, 보리심에서 물러나지 않고 숙명통을 갖추며, 태어나는 곳마다 항상 부처님을 뵙게 되고 무병장수하게 되느니라. 목숨을 마친 뒤에는 그 불국토에 태어나 의복, 음식 등 생활에 필요한 것들이 모두 생각대로 생겨서 모자람이 없을 것이니라.

문수사리여, 그 부처님은 이와 같은 한량없는 공덕을 구족하셨으므로 중생들은 늘 기억하여 잊지 말아야 하느니라.

또한 문수사리여, 여기에서 동쪽으로 아홉 항하사의 불국토를 지나면 '선주보해(善住寶海)세계'가 있으니, 거기에 계시는 부처님의 명호는 법해승혜유희신통여래(法海勝慧遊戲神通如來), 응공, 정등각이신데, 지금 법을 설하고 계시느니라.

문수사리여, 그 부처님께서 보살도를 수행하실 적에 네 가지 큰 서원을 세웠나니 무엇이 네 가지인가 하면,

첫째 대원은, '바라옵건대 내가 오는 세상에서 보리를 얻을 때에, 어떤 중생이 여러 가지 악업을 짓고 씨를 뿌리고 밭을 갈면서 여러 생명을 해치거나, 장사하면서 남을 속이거나, 싸움터에서 무기로 살생하기를 일삼았더라도 나의 이름을 듣고 지극한 마음으로 부르고 생각한다면, 그 힘으로 말미암아 살림 거리를 애써 구하지 않더라도 만족할 만큼 마음껏 얻고 항상 여러 선업을 닦아서 마침내 보리를 얻게 하리라.'

둘째 대원은, '바라옵건대 내가 오는 세상에서 보리를 얻을 때에, 어떤 중생이 열 가지 악업인 살생 등의 죄업을 짓고 그로 말미암아 지옥에 떨어지게 되었더라도 나의 이름을 듣고 지극한 마음으로 부르고 생각한다면, 십선도(十善道)를 남김없이 성취하여 악도에 떨어지지 않고 마침내 보리를 얻게 하리라.'

셋째 대원은, '바라옵건대 내가 오는 세상에서 보리를 얻을 때에, 어떤 중생이 자유롭지 못하여 남에게 얽매여 있거나 쇠고랑에 묶이고 목에 칼이 씌워지고 사슬에 묶여서 채찍과 몽둥이로 맞는 괴로움이나 심지어 극형을 당하게 되었더라도 나의 이름을 듣고 지극한 마음으로 부르고 생각한다면, 그 힘으로 말미암아 있었던 모든 고난에서 벗어나게 되고 마침내 보리를 얻게 하리라.'

넷째 대원은, '바라옵건대 내가 오는 세상에서 보리를 얻을 때에, 어떤 중생이 온갖 악업을 짓고 삼보를 믿지 않으며, 허망의 견해[虛妄見]에 빠져 바른 이치를 등지고 삿된 무리들을 좋아하며, 부처님의 말씀을 헐뜯어 성현의 말씀이 아니라고 말하고 외도의 서적을 공경히 받들어 지니며, 자기가 남을 가르친다고 하지만 함께 미혹만을 더하여 지옥에 떨어져 헤어날 기약이 없으며, 설령 사람 몸을 받더라도 팔난처(八難處)에 태어나서 바른 도리를 아주 여의고 지혜의 눈이 멀어버린 그러한 사람이라 하더라도 나의 이름을 듣고 지극한 마음으로 부르고 생각한다면, 그 힘으로 말미암아 목숨이 다할 때는 불현듯 바른 생각이 솟아나서 온갖 고난에서 벗어나고 언제나 좋은 나라에 태어나 승묘한 즐거움을 받으며 마침내 보리를 얻게 하리라.' 였느니라.

　문수사리여, 이것이 그 부처님, 여래, 응공, 정등각께서 보살도를 수행하실 때 세웠던 네 가지의 미묘하고 큰 서원이었느니라.

문수사리여, 그 불국토의 공덕과 장엄은 위에서 말한 묘보(妙寶) 여래의 세계와 동등하니라.

또한 문수사리여, 여기에서 동쪽으로 열 항하사의 불국토를 지나면 '정유리(淨琉璃)세계'가 있으니, 거기에 계시는 부처님의 명호는 약사유리광여래(藥師琉璃光如來), 응공, 정등각이시니라.

문수사리여, 그 부처님이 처음 발심하여 보살도를 닦으실 때 열두 가지 큰 서원을 세웠나니, 무엇이 열 두 가지인가 하면,

첫째 대원은, '바라옵건대 내가 오는 세상에서 보리를 얻을 때에, 내 몸의 광명이 끝없는 세계를 비추고 삼십이상과 팔십수형호로 내 몸이 장엄되며, 모든 유정들도 내 몸과 같게 하리라.'

둘째 대원은, '바라옵건대 내가 오는 세상에서 보리를 얻을 때에, 몸은 유리처럼 안팎이 맑고 광대한 광명은 모든 세계에 가득하며, 해와 달을 뛰어넘는 불꽃그물로 장엄하여 철위산 속의 깜깜한

곳에서도 서로를 볼 수 있으며, 이 세계에서 어두운 밤에 다니는 중생들이 나의 광명을 보면 어리석음을 깨치고 모든 일을 하고자 하는 대로 할 수 있게 하리라.'

셋째, '대원은 바라옵건대 내가 오는 세상에서 보리를 얻을 때에, 한량없고 끝없는 지혜와 방편으로써 모든 유정이 필요한 모든 물자를 끝없이 얻게 하리라.'

넷째 대원은, '바라옵건대 내가 오는 세상에서 보리를 얻을 때에, 삿된 도를 행하는 유정들에게는 보리의 바른 길을 가도록 하고, 성문승과 독각승[聲聞獨覺乘]도 모두 대승의 법에 편안히 머물도록 하리라.'

다섯째 대원은, '바라옵건대 내가 오는 세상에서 보리를 얻을 때에, 유정들이 나의 법 안에서 범행(梵行)을 수행한다면 불결계(不缺戒)를 얻어서 삼업(三業)을 잘 다스리게 하고 계율을 범하여 악도에 떨어지는 자가 없게 하리라. 설령 계율을 범하였더라도 나의 이름을 듣고서 전념(專念)으로 받아 지니고 지극한 마음으로 잘못을 참회한다면, 청정함을 다시 얻고 마침내 보리를 얻게 하리라.'

　여섯째 대원은, '바라옵건대 내가 오는 세상에서 보리를 얻을 때에, 유정들이 불구의 몸으로 더럽고 지저분하며, 피부에 감각이 없고, 청각장애, 시각장애, 언어장애, 지체장애, 곱사, 나병, 간질, 정신병 등 갖가지 병으로 고통받고 시달리더라도 나의 이름을 듣고 지극한 마음으로 부르고 생각한다면, 누구나 단정한 몸을 얻고 모든 병이 소멸되게 하리라.'

　일곱째 대원은, '바라옵건대 내가 오는 세상에서 보리를 얻을 때에, 유정들이 가난하여 형편이 딱하고 처지가 어렵지만 의지할 데 없고 갖가지 질병에 시달리고 약과 의사가 없더라도 잠깐 동안이나마 나의 이름을 듣는다면, 온갖 병이 사라지

고 권속들이 번성하고 재산도 모자람이 없을 것이며, 몸과 마음이 안락하고 마침내 보리를 얻게 하리라.'

여덟째 대원은, '바라옵건대 내가 오는 세상에서 보리를 얻을 때에, 어느 여인이 여자이기 때문에 당하는 온갖 나쁜 일과 고통에 시달려 여자로 태어난 것을 몹시 싫어하여 여자의 몸을 버리길 원할 적에 나의 이름을 듣고 지극한 마음으로 부르고 생각한다면, 곧 바로 지금의 몸을 바꾸어 장부의 상호를 갖춘 남자가 되고 마침내 보리를 얻게 하리라.'

아홉째 대원은, '바라옵건대 내가 오는 세상에서 보리를 얻을 때에, 모든 유정들로 하여금 마귀의 올가미에서 벗어나게 하고, 또 갖가지 삿된 견해의 무리들까지도 모두 받아들여 바른 견해를 내게 하고, 점점 여러 보살행을 닦아 익히도록 하여 마침내 보리를 얻게 하리라.'

열째 대원은, '바라옵건대 내가 오는 세상에서 보리를 얻을 때에, 유정들이 국법에 걸려 감옥에 갇히고 목에 칼이 씌워지며 매를 맞아 결국 죽게 되거나, 또 어떤 중생이 괴로운 일에 시달려 근심 걱정으로 잠시도 즐거울 때가 없더라도 나의 이름을 듣는다면, 나의 복덕과 위신력으로 모든 근심과 괴로움에서 벗어나고 마침내 보리를 얻게 하리라.'

　열한째 대원은, '바라옵건대 내가 오는 세상에서 보리를 얻을 때에, 유정들이 굶주림에 시달려 먹을 것을 얻으려고 여러 악업을 지었더라도 내 이름을 듣고 지극한 마음으로 부르고 생각한다면, 나는 먼저 가장 좋은 음식으로 그들을 배부르게 한 뒤에 진리의 맛으로 수승한 즐거움에 머물게 하며 마침내 보리를 얻게 하리라.'

　열두째 대원은, '바라옵건대 내가 오는 세상에서 보리를 얻을 때에, 유정들이 가난하여 입을 옷이 없어서 모기와 등에, 추위와 더위에 시달리더라도 나의 이름을 듣고 지극한 마음으로 부르고 생각한다면, 그들이 좋아하는 가장 좋은 옷과 보배로 만든 장엄구와 음악과 향과 꽃을 모두 만족스럽게 얻게 하고 온갖 괴로움을 여의며 마침내 보리를 얻게 하리라.' 였느니라.

문수사리여, 이것이 약사유리광여래, 응공, 정등각께서 보살도를 닦으실 때 발원한 열두 가지 아름답고 뛰어난 대원이니라."

그때 부처님께서 문수사리에게 말씀하셨다.

"저 약사유리광여래께서 보살도를 닦으실 때 발원한 대원과 저 불국토의 공덕장엄은 내가 일 겁의 세월이 지나도록 말하더라도 모두 말할 수가 없느니라. 저 불국토는 순일(純一)하게 청정하여 탐욕에 물들지 않고, 여인이 없으며, 삼악도의 괴로운 소리도 없느니라. 맑은 청금석이 그 땅이 되고 도시, 궁전, 회랑, 처마, 창문, 장엄된 그물 등은 모두 일곱 가지 보배로 만들어져 서방극락세계의 공덕장엄과 같으니라.

그리고 그 나라에는 두 보살이 있으니 일광변조(日光遍照)보살과 월광변조(月光遍照)보살이니라. 이들은 아주 많은 보살들 가운데 상수보살로서 그 부처님의 정법보장(正法寶藏)을 모두 간직하고 있느니라. 그러므로 문수사리여, 청정한 믿음을 지닌 남자나 여인이라면 저 부처님 세계에 나기를 원해야 하느니라.

또한 문수사리여, 어떤 중생들은 선악을 모르고 오직 탐욕과 인색함으로 보시와 보시의 과보를 모르며, 어리석고 지혜가 적어 바른 도리를 믿는 마음이 없으며, 많은 재물을 모아 애써 지키면서도 구걸하는 이를 보면 불쾌해 하느니라. 설령 어쩔 수 없이 보시를 해야 할 때에도 자기 몸의 살점을 도려내는 것처럼 느끼며 못내 아까워하느니라.

또 수많은 인색하고 탐욕에 찬 유정들은 재물

을 쌓아두고서 자신을 위해서도 쓰지 못하는데, 하물며 부모, 처자식, 노비, 고용인이나 거지들에게 쓰겠는가? 저 유정들은 목숨이 다하면 아귀계나 축생계에 나게 될 것이지만, 과거 인간이었을 때 약사유리광여래의 명호를 들었음으로 말미암아 비록 나쁜 세계에 있더라도 약사유리광여래의 명호를 잠시라도 돌이켜 기억하고 생각한다면, 즉시 그곳을 떠나 인간으로 태어나 숙명지(宿命智)를 얻고 나쁜 세계의 고통을 두려워하며, 욕락을 좋아하지 않고 혜시(惠施)를 좋아하느니라. 베푸는 이를 찬탄하고 가진 재물에 대해 아까워하는 마음이 없으며, 더 나아가 머리, 눈, 손, 발, 피, 몸뚱이까지도 필요한 이들에게 베풀거늘 하물며 다른 재물이겠느냐?

또한 문수사리여, 어떤 사람은 부처님께 귀의하여 여러 가지 계율을 받았지만 계와 율을 깨고 바른 견해를 무너뜨리기도 하느니라. 어떤 이는 계율과 바른 견해는 지녔으나 교법 배우기를 힘쓰지 않아 경전의 깊은 뜻을 제대로 알지 못하느니라. 어떤 이는 비록 많이 배우기는 했지만 교만함 때문에 자기는 옳고 남은 그르다 하며, 정법을 싫어하여 헐뜯으면서 마군의 패거리가 되기도 하느니라. 이처럼 어리석은 이들은 스스로 그릇된 견해를 행하고 또 헤아릴 수 없이 많은 유정들도 큰 구렁텅이에 빠지게 하느니라. 이 유정들은 지옥, 축생, 아귀계에 떨어질 것이지만 만약 일찍이 이 약사유리광여래의 명호를 들었다면, 그 부처님께서 본래 세우신 서원의 위신력으로 말미암아 지옥에서도 그 부처님의 명호를 기억하고 그 세계에서 죽어 인간으로 태어나서는 바른 견해로 정진하고 욕망을 잘 다스리게 되느니라. 이윽고 집을 떠나 여래의 가르침에 출가하여 계율을 받아 잘 지키고 정견(正見)과 다문(多聞)으로 깊고 깊은 뜻을 잘 알게 되며, 교만심을 버리고 바른 가르침을 비방하지 않아 마군의 패거리가 되지 않느니라. 점점 여러 보살행을 닦아 마침내 보리를 얻게 되느니라.

또한 문수사리여, 만일 여러 유정들 가운데 간탐심과 질투심으로 온갖 악업을 지으며 스스로를 칭찬하고 남을 헐뜯는 자는 목숨을 마친 뒤에 세 가지 나쁜 세계에 떨어져서 한량없는 세월 동안 온갖 혹독한 괴로움을 받느니라. 그곳에서 수명이 다하여 인간계에 나더라도 소나 말, 낙타, 노새 따위가 되어 항상 채찍질을 당하고 배고픔과 목마름은 마음에 사무치며, 몸은 무거운 짐으로 괴로움이 극심 하느니라. 만약 사람으로 태어나더라도 낮고 비천하게 살면서 남의 노예가 되어 혹사를 당하고 자유가 없을 것이지만, 전생에 사람이었을 때 약사유리광여래의 명호를 들은 적이 있어서 그 선근의 힘으로 이제 다시 약사유리광여래의 명호를 기억하여 지극한 마음으로 귀의한다면, 부처님의 위신력으로 온갖 고통에서 벗어나게 되고 모든 감관이 총명하게 되며, 지혜로워져서 듣고 배우기를 좋아하게 되느니라. 늘 뛰어난 가르침을 구하고 언제나 좋은 벗을 만나며, 마군의 그물을 영원히 끊고 무명의 껍질을 깨뜨리며, 번뇌의 물결을 말려버리고 일체의 생로병사와 근심과 슬픔과 괴로움에서 벗어나게 되며, 마침내 보리를 얻게 되느니라.

또한 문수사리여, 만일 여러 유정 가운데 등져서 어깃장 놓기를 좋아하고 소송을 걸어 자신과 남을 괴롭히며 몸과 입과 뜻으로 갖가지 악업을 지으며, 이익도 없는 일을 벌이고 끊임없이 남들을 해칠 것을 생각하며, 산림이나 숲, 무덤 등의 귀신들을 불러내고 짐승들을 잡아 피 묻은 고기로 야차와 나찰 등에게 제사 지내며, 원한 맺은 사람의 이름을 적거나 형상을 만들어서 나쁜 주술로 저주하며, 주문으로 시체를 일으켜서 원한 맺은 사람의 목숨을 끊게 하거나 몸을 망가뜨리도록 하려는 이가 있다 하더라도, 이 모든 유정들이 약사유리광여래의 명호를 듣는다면, 저 모든 악한 것으로 해치지 못하게 되느니라. 모든 것이 되돌아가 자비심을 일으켜서 이롭고 안락하게 되며, 손해를 입히거나 괴롭히려는 마음과 싫어하거나 원한을 품는 마음이 없어지게 되어 자기가 가진 것들에 항상 기뻐하고 만족하게 되느니라.

또 문수사리이여, 만일 사부대중인 비구, 비구니, 우바새, 우바이와 청정한 믿음을 지닌 남자나 여인이 팔재계를 받아 지니고 일 년이나 석 달 동안이라도 계율을 지킨다면, 이 선근으로 아미타부처님께서 계신 서방극락세계에 왕생하느니라. 만일 약사유리광여래의 명호를 들었다면 목숨을 마칠 때 팔대보살이 신통력으로 와서 서방극락세계의 갈 곳을 보여주어 극락세계의 갖가지 색으로 장엄된 보배꽃 가운데에 자연히 화생하게 되느니

라. 또는 이 인연으로 하늘나라에 태어나더라도 본래의 선근은 다함이 없어 다시는 다른 나쁜 세계에 나지 않으며, 하늘나라의 수명이 다하여 인간계에 환생하되, 어떤 이는 전륜성왕이 되어 사천하를 다스리며, 위덕이 자재하여 한량없는 유정들을 교화하여 이 열 가지 선업을 닦게 되느니라. 어떤 이는 크샤트리아나 바라문, 거사, 귀족으로 태어나서 재물과 보배가 창고에 가득 차고 용모의 생김새는 단정하고 엄숙하며, 권속이 융성하고 총명하고 지혜로우며, 용기가 굳세고 위엄이 있으며 몸에 큰 힘을 지니게 되느니라. 만일 여인들 가운데 세존 약사여래의 명호를 듣고 지극한 마음으로 받아 지니는 이가 있으면 다시는 여인의 몸을 받지 않을 것이니라.

또한 문수사리여, 저 약사유리광여래께서 보리를 얻으셨을 때, 본원력으로 말미암아 유정들이 여위어 가는 병, 말라리아, 당뇨, 황열병 등 갖가지 병고를 겪거나 가위눌리거나 단명하거나 횡사하는 것을 살펴보시고는 이러한 갖가지 병과 괴로움을 소멸시키고 구하는 바가 원만하도록 하셨느니라. 저 세존께서 삼매에 드시니 삼매의 이름은 '제멸일체중생고뇌(滅除一切衆生苦惱)' 삼매이니라. 살상투에서 대광명이 나오고, 그 광명 가운데 대다라니주를 설하셨느니라.

나모 바가와테 바이샤지야 구루 바이두리아 쁘라바 라자야 따타가따야 아르하떼 쌈약쌈붓다야.
따디야타, 옴 바이샤지예 바이샤지예 바이샤지야 싸무드가떼 쓰와하

그때 광명 가운데에서 이 주문이 설해지자 대지는 진동하고 커다란 광명이 비추니, 모든 중생의 병고가 사라지고 안온한 즐거움을 받았느니라.
문수사리여, 병고가 있는 남자나 여자를 보면

한결같은 마음으로 그 병자를 위해 깨끗이 목욕하고 양치하고는 음식이나 약 또는 벌레 없는 깨끗한 물을 놓고 이 신주를 백여덟 번 염송한 뒤 먹게 하면 모든 병고가 없어지느니라. 만약 바라는 바가 있어서 이 신주를 지극한 마음으로 염송하면 뜻대로 얻으리니, 병은 없어지고 수명이 늘어나리라. 목숨을 마친 뒤에는 저 세계에 태어나고 불퇴전의 경지를 얻으며 마침내 보리를 성취하리라. 그러므로 문수사리여, 어떤 남자나 여인이 저 약사유리광여래를 지극한 마음으로 정성껏 공경히 공양하려면 늘 이 신주를 지녀 잊지 말아야 할 것이니라.

또한 문수사리여, 청정한 믿음을 지닌 남자나 여인이 일곱 분의 여래, 응공, 정등각의 명호를 듣고 외워 지니며, 새벽에 양치하고 목욕한 다음 온갖 향기로운 꽃과 가루향, 태우는 소향, 바르는 도향, 여러 가지 음악으로 불상에 공양하고 이 경전을 스스로 베끼거나 남을 시켜 베끼게 하여 한결같은 마음으로 받아 지니고 그 뜻을 들으며, 이 경전을 설하는 법사에게도 공양한다면 일체 살림 도구를 모두 보시하더라도 모자라는 일이 없을 것이니, 이와 같이 곧 모든 부처님의 보살핌을 받아 구하고 원하는 것들을 다 채우게 되고 마침내 보리를 성취할 것이니라."

그때 문수사리가 부처님께 말씀드렸다.

"세존이시여, 제가 맹세하오니 말법시대에 갖가지 방편으로써 청정한 믿음을 지닌 선남자 선녀인들로 하여금 일곱 부처님 여래의 명호를 듣게 하고 잠결에도 부처님의 명호를 들려주어 깨달아 알게 하겠나이다. 세존이시여, 만일 이 경전을 받아 지녀 읽고 외우거나 다른 이들에게도 펼쳐서 보여주고 설명하여 주며, 스스로 베껴 쓰거나 남들도 베껴 쓰게 하고 공경하고 존중하여 갖가지 꽃과 향, 바르는 도향, 가루향, 태우는 소향, 꽃다발,

영락, 깃발, 일산, 음악들로 공양하며, 오색비단으로 만든 주머니에 넣어, 물을 뿌려 깨끗이 청소한 곳의 높은 자리에 모시면, 그때 사대천왕과 권속들과 수많은 천신들이 모두 그곳에 와서 공양하며 지키고 보호하게 하겠나이다.

세존이시여, 이 보배로운 경전이 있는 곳이나 누군가 지니고 있다면 저 일곱 분의 부처님 여래의 본원공덕과 명호를 들은 위신력으로 그곳에는 다시는 횡사하는 일이 없고 또 다시는 여러 악귀신들이 정기(精氣)를 빼앗지 못할 것이며, 설령 정기를 빼앗겼더라도 본래 상태로 돌아가므로 몸과 마음이 편안하고 즐거울 것임을 알겠나이다."

부처님께서 문수사리에게 말씀하셨다.

"그렇도다. 그대가 말한 바와 같으니라. 문수사리여, 만일 청정한 믿음을 지닌 남자나 여인이 일곱 분의 부처님 여래께 공양하려면 먼저 일곱 부처님의 형상을 정성껏 조성하여 청정하고 좋은 자리에 모시고 꽃을 뿌리며 향을 피우고 여러 가지 당번(幢幡)으로 그곳을 장엄해야 하느니라. 그리고 이레 낮 이레 밤 동안 팔재계를 받아서 청정한 음식을 먹고 깨끗이 목욕하며, 깨끗한 새 옷으로 갈아입고 더러운 마음을 내지 않으며, 성내거나 해치는 마음을 없애고 일체 유정을 이롭고 안락하게 하는 자비희사의 평등한 마음을 가지며, 북과 현악과 노래로 그 부처님의 공덕을 찬탄하고 그 부처님의 형상을 오른쪽으로 돌아야 하느니라. 그 부처님의 본원을 생각하면서 이 약사경을 읽고 외우며, 그 뜻을 사유하고 설명하여 주면 그 소원에 따라 오래 살고자 하면 오래 살게 되고, 부귀풍요를 구하면 부귀풍요를 얻게 되고, 벼슬을 구하고자 하면 벼슬을 얻게 되고, 아들딸을 얻고자 하면 아들딸을 얻게 되니, 구하는 것을 모두 다 얻게 되느니라.

만일 어떤 사람이 홀연히 나쁜 꿈을 꾸고 온갖

나쁜 모양을 보거나, 괴상한 새가 날아와서 앉거나, 집안에서 온갖 괴상한 일이 일어날 때 이 사람이 갖가지 좋은 재물로써 저 부처님들께 공경 공양한다면 악몽과 나쁜 모양과 모든 불길한 일들이 다 사라져 우환이 없게 되느니라.

만일 물, 불, 칼, 독충, 험한 낭떠러지, 난폭한 코끼리, 사자, 호랑이, 이리, 작은 곰, 큰 곰, 독사, 전갈, 지네 등의 두려움에 처하게 되었더라도 지극한 마음으로 저 부처님을 생각하고 공경 공양한다면, 모든 두려움에서 벗어나게 되느니라. 다른 나라가 침략하거나 도적들이 반란을 일으킬 때에도 그 부처님을 기억하여 공경하면 모든 원수와 도적들이 모두 물러가게 되느니라.

또한 문수사리여, 청정한 믿음을 지닌 남자나 여인이 육신이 다하는 순간까지 다른 하늘을 섬기지 않고 오직 한마음으로 불, 법, 승 삼보에 귀의하여 금계인 오계나 십계, 보살 이십사계, 비구 이

백오십계, 비구니 오백계를 받아 지녔건만, 그 계율 가운데 어떤 것을 범하여 나쁜 세계에 떨어질까 두려워하더라도 그 부처님의 명호를 오로지 생각하며 공경 공양하면 결코 삼악도에 나지 않을 것이니라.

혹 어떤 여인이 해산할 때 극심한 고통을 받더라도 지극한 마음으로 부처님의 명호를 부르면서 예배찬탄하고 일곱 분의 부처님 여래를 공경 공양한다면, 모든 괴로움이 다 사라지고 태어난 아기의 모습은 단정하여 보는 이들이 기뻐하며, 근기가 예리하고 총명하며, 병이 적어 안락할 것이며, 사람 아닌 것들에게 정기를 빼앗기지 않으리라."

그때 세존께서 아난에게 말씀하셨다.

"내가 드날려 칭송한 것처럼 저 일곱 부처님 여래의 명호와 공덕은 모든 부처님의 매우 깊은 경계로서 알기가 어렵지만 그대는 의심하지 말아야 하느니라."

아난이 말씀드렸다.

"세존이시여, 저는 부처님께서 설하신 경전의 깊은 이치에 대해서 의심하지 않습니다. 왜냐하면 모든 부처님들의 몸과 말과 뜻의 업은 어떠한 것도 허망하지 않기 때문입니다. 세존이시여, 저 해와 달을 떨어지게 하고 수미산을 움직인다하더라도 부처님의 말씀은 결코 다름이 없나이다.

세존이시여, 믿음의 뿌리를 갖추지 못한 중생들은 부처님들께서 행하시는 아주 깊은 경계를 듣고서 이렇게 생각합니다. '어찌하여 다만 일곱 부처님 여래의 명호만을 생각한다고 곧 그 공덕과 뛰어난 이익을 얻는다고 말씀하시나이까?' 이렇게 믿지 않는 마음으로 말미암아 도리어 비방하는 마음을 내기 때문에 저들은 길고도 긴 밤 동안 큰 이익과 안락을 잃어버리고 온갖 나쁜 세계에 떨어지고 마는 것입니다."

부처님께서 아난에게 말씀하셨다.

"그러한 유정들이 만일 일곱 부처님 여래의 명호를 들었다면 나쁜 세계에 떨어지는 일은 없느니라. 그러나 이미 결정된 업보로써 도저히 바꿀 수 없는 이 만은 예외이니라.

아난이여, 이것은 모든 부처님들의 깊고도 깊은 경계라서 믿기도 알기도 어렵지만, 그대가 믿고 받아 지닐 수 있는 것은 모두가 여래의 위신력임을 알아야 하느니라.

아난이여, 일체의 모든 성문이나 독각은 이를 알지 못하고 오직 일생보처보살만이 알 수 있느니라.

아난이여, 사람으로 태어나기 어렵고 불, 법, 승 삼보를 믿고 공경 존중하는 것 또한 어렵지만, 일곱 부처님 여래의 명호를 듣는 것은 이보다 곱절이나 더 어려우니라.

아난이여, 저 일곱 부처님께서는 무량 보살행과 무량 선교방편과 무량 광대원을 지니셨나니, 이와 같은 행원과 선교방편은 내가 한 겁 동안이나 한 겁이 지나도록 설하더라도 다 말할 수 없느니라.”

그때 구탈이라는 보살마하살이 대중 가운데에 있다가 자리에서 일어나 오른쪽 어깨를 드러내고 오른쪽 무릎을 땅에 꿇고 부처님을 향하여 합장하여 말하였다.

“세존이시여, 훗날 말세의 상법시대에 중생이 갖가지 병고에 시달려 몸이 여위고 마시거나 먹을 수 없어서 목구멍과 입술이 바짝바짝 타고 눈앞이 깜깜하여 죽음에 임박해 있다면, 부모, 친척, 친구, 아는 이들이 그를 에워싸고 눈물을 흘리며 슬피 우는 가운데, 그 몸뚱이는 누워있지만 염마왕의 사자가 그의 신식(神識)을 끌고 염마왕이 있는 곳으로 데리고 가는 것을 보게 됩니다.

모든 유정들에게는 구생신이 있어서 그가 지은 선악의 업에 따라 빠짐없이 기록하여 염마법왕에게 바치면, 염마법왕은 곧 바로 법에 의거하여 그 사람의 소행을 묻고 지은 죄와 복에 따라 처단합니다. 그때 저 병자의 친척들과 선지식이 그를 위하여 일곱 분의 부처님께 귀의하고 갖가지로 장엄하며 여법하게 공양한다면, 그의 신식(神識)은 이레나 십사일 또는 사십구일이 지나서 마치 꿈을 꾸다 깨어난 것처럼 제 정신이 돌아와서 저절로 선업과 불선업의 과보 받음을 기억하여 알게 됩니다.

그 업과 과보가 헛되지 않는 것을 스스로 증명함으로 말미암아 목숨이 다할 때까지 악을 짓지 않을 것이옵니다. 그러므로 청정한 믿음을 지닌 남자나 여인은 마땅히 일곱 부처님의 명호를 받아 지니고 힘과 능력에 따라 공경 공양해야 할 것이옵니다."

그때 구수(具壽) 아난이 구탈보살에게 물었다.

"선남자여, 일곱 분의 부처님을 공경하고 공양하려면 그 방법은 어떠합니까?"

구탈보살이 말하였다.

"대덕(大德)이여, 병자나 기타 여러 재앙과 액난

을 만난 이를 벗어나게 하려면 마땅히 그를 위하여 이레 낮, 이레 밤 동안 팔재계를 지키고 먹을 것과 마실 것, 재물들을 능력껏 준비하여 스님들에게 공양하며, 주야육시(晝夜六時)로 일곱 분의 부처님께 공경히 예배하면서 이 경전을 마흔아홉 번 독송하고 마흔아홉 개의 등불을 밝히며, 그 부처님의 형상 일곱 위(位)를 만들고 불상마다 앞에 각기 일곱 개의 등을 밝히되, 일곱 등의 모양을 마치 수레바퀴처럼 둥글게 만들어서, 마흔아홉 밤이 되도록 등불이 꺼지지 않도록 하며, 또한 갖가지 비단으로 만든 번기 마흔아홉 폭과 아울러 마흔아홉 자가 되는 기다란 한 폭을 만들어 놓고 마흔아홉의 생명을 놓아준다면 곧 모든 재앙과 액난을 여의고 포악하고 나쁜 귀신들이 해치지 못하게 됩니다.

대덕 아난이여, 이러한 것이 저 부처님께 공양하는 법식입니다. 만약 일곱 분의 부처님 가운데 다만 한 부처님만이라도 그 이름을 부르고 공양한다면 모두 한량없는 공덕을 얻고 소원이 원만할 것인데, 하물며 일곱 부처님을 다 법식대로 공양함이겠습니까?

또한 대덕 아난이여, 임금이나 왕족 등 지배 계급도 재난을 만나는 때가 있으니, 그것은 백성들이 전염병에 걸리는 재난, 다른 나라의 침략을 받아 고통 받는 재난, 나라 안에서 반역이 일어나는 재난, 별자리에 변괴가 생기는 재난, 해와 달이 가리워지는 재난, 때 아닌 비바람으로 인한 재난, 가뭄이 계속되는 재난 등입니다. 이러한 때에 왕족 등 지배 계급이나 임금이 모든 유정들에게 자비한 마음을 일으켜 널리 사면을 베풀어서 모든 액난에 시달리는 중생을 해방시키고 앞에서 말한 법식대로 일곱 분의 부처님을 공양한다면, 이러한 선근과 저 여래의 본원력으로 말미암아 그 나라는 이내 안온함을 얻게 되고 비와 바람이 때에 알

맞아서 곡식이 무르익으며, 온 나라의 중생들이 병 없이 안락하게 됩니다. 또한 포악한 야차 등 귀신들이 괴롭히고 마음을 어지럽게 만드는 등의 일체의 나쁜 일은 즉시에 사라집니다. 그러므로 왕족 등 지배계급이나 임금도 모두 수명이 늘어나고 건강하며 질병에서 자재하게 될 것입니다.

대덕 아난이여, 만일 황제, 황후, 황비, 태자, 왕자, 대신, 재상, 궁녀, 관리, 백성들이 질병의 고통이나 그밖에 다른 액난을 만나더라도, 마찬가지로 마땅히 일곱 부처님의 형상을 만들어 모시고 이 경전을 읽고 외우며 등불을 켜놓고 번기를 만들며 많은 생명을 방생(放生)하고 지성으로 공양하면서 향을 피우고 꽃을 흩어 뿌린다면 바로 병고가 소멸되고 모든 재난을 벗어나게 됩니다."

그때 구수 아난이 구탈보살에게 물었다.

"선남자여, 어떻게 이미 끝난 수명을 늘릴 수 있습니까?"

구탈보살은 말하였다.

"대덕이여, 그대는 여래께서 말씀하신 아홉 가지 비명횡사에 대해 듣지 못하였습니까? 그 때문에 세존께서는 주문의 약을 설하셔서 그 형편에 따라 치료하는 것과 등불을 켜고 번기를 만들어 여러 복업을 닦으라고 말씀하셨나니, 복을 닦아야 수명이 연장되는 것입니다."

아난존자가 물었다.

"어떤 것이 아홉 가지 비명횡사입니까?"

구탈보살이 대답하였다.

"첫째는 가벼운 병에 걸린 어떤 유정에게 치료할 의사나 약품 및 간병해줄 이가 없고 설령 의사를 만나더라도 그 약을 얻지 못하여 실제로는 죽을 병이 아닌데도 불구하고 비명횡사합니다. 또 세간의 사마외도와 요사스럽고 간악한 사람들이 망령되게 말하는 길흉화복의 예언을 믿어 무섭고 두려운 마음이 생겨서 스스로의 마음을 바로 잡지 못하고, 길흉을 점쳐 묻고 여러 중생을 죽여 신에게 풀어주기를 구하며, 요괴를 불러서 복을 청하고 은혜를 빌어 수명 연장을 빌더라도 끝내 소원은 하나도 이루지 못하니, 어리석고 거꾸로 된 소견으로 결국 비명횡사하여 지옥에서 벗어날 기약이 없는 것이고,

둘째는 국법에 잘못 걸려 죽는 것이며,

셋째는 놀이삼아 사냥질하고 술과 여자에 빠져 방탕하며, 절제하지 못하여 뜻밖에 사람 아닌 것들한테 정기를 빼앗겨 죽는 것이며,

넷째 비명횡사는 느닷없이 불에 타 죽는 것이고.

다섯째 비명횡사는 갑자기 물에 빠져 죽는 것입니다.

여섯째 비명횡사는 갖가지 사나운 짐승에게 잡아먹혀 죽는 것이며,

일곱째 비명횡사는 낭떠러지에서 떨어져서 죽는 것이고,

여덟째 비명횡사는 독약, 저주, 악마감응에 걸린 시신 등의 해침을 입고 죽는 것이며,

아홉째 비명횡사는 굶주림과 목마름의 고통 속에서도 끝내 먹을 것과 마실 것을 얻지 못해서 죽는 것입니다.

이것이 부처님께서 간략하게 말씀하신 아홉 가지 비명횡사입니다. 그 밖에 또 한량없는 비명횡사가 있지만 다 말하기는 어렵습니다.

또한 아난존자여, 염마법왕은 세간사를 기록한 명부를 갖고 있습니다. 만일 유정들 가운데 효도하지 않거나 오역죄를 저지르거나 불, 법, 승 삼보를 헐뜯고 욕하거나 임금과 신하가 지켜야 할 법도를 무너뜨리거나 계율을 깨뜨린다면, 염마법왕은 지은 죄의 가벼움과 무거움을 따져 처벌합니다.

그러므로 내가 이제 여러 유정들에게 등불을 켜고 번기를 만들며, 방생수복을 권하는 것은 괴로움과 뜻밖에 당하는 어려운 일을 벗어나서 뭇

재난을 만나지 않게 하려함입니다."

그때 대중 가운데에는 열 두 야차대장들이 법회에 참석하였으니 그 이름은, 꿈비라 대장, 바즈라 대장, 메칼라 대장, 안디라 대장, 아닐라 대장, 샨띨라 대장, 인드라 대장, 빠즈라 대장, 바훌라 대장, 찬드라 대장, 차뚜라 대장, 비까라 대장이었다.

이들 열 두 야차대장들은 저마다 칠천의 야차를 거느리고 있었는데 한 목소리로 부처님께 말씀드렸다.

"세존이시여, 저희들은 이제 부처님의 위신력에 힘입어 일곱 부처님의 명호를 듣게 되었으니, 다시는 악도에 떨어지지 않을 것이며 이에 대한 두려움이 없어졌습니다.

저희들은 서로 한 마음이 되어 몸이 다할 때까지 불, 법, 승 삼보에 귀의하겠나이다. 맹세코 모든 유정들을 떠맡아 올바르고 유익하며, 풍요롭고 안락하게 하겠나이다.

도시나 시골이나 한적한 숲속에서라도 이 경을 널리 유포하고 독송하거나, 일곱 부처님의 명호를 받아 지녀서 공경하고 공양하는 사람들이 있다면 저희 권속들은 이 사람들을 보호하여 지키고 모든 괴로움과 어려움에서 벗어나게 하고 바라는 것과 구하는 것을 모두 만족하게 하겠나이다. 혹은 질병과 액난에서 벗어나려면 이 경을 읽고 외우며, 저희들의 이름을 오색비단에 적어 매듭 지어 놓으면 소원을 이룬 뒤에 풀어지도록 하겠나이다."

그때 세존께서 야차대장들을 칭찬하며 말씀하셨다.

"훌륭하고 훌륭하도다. 대야차 대장들이여, 그대들은 일곱 부처님의 은덕에 보답하려는 생각으로 항상 이처럼 모든 유정들에게 이익과 안락을 주려 하는구나."

그때 법회에 있던 많은 천신의 무리들은 그 지혜가 부족하여 이런 생각을 했다.

'어떻게 저 항하사(恒河沙)와 같이 많은 불국토(佛國土)를 지나서 멀리 계시는 일곱 부처님의 이름을 잠깐 동안 듣는 것으로 곧 바로 끝이 없는 수승한 공덕을 얻는다고 하는가.'

이에 석가모니 부처님께서는 천상 무리들의 마음을 환히 살피시고 곧 "일체 여래를 일깨워 초청하는 심심미묘한 선정[警召一切如來甚深妙定]"에 드셨다.

선정에 드시자마자 모든 삼천 대천세계가 여섯 가지로 진동하고 천상의 신묘한 꽃과 천상의 향가루가 비 오듯 쏟아졌다.

저 일곱 부처님은 이와 같은 광경을 보시고 각기 그 세계로부터 사바세계에 오셔서 석가여래 부처님과 서로 인사를 나누셨다.

이에 부처님 세존들께서는 과거 세상의 본원력으로 말미암아 제각기 천상의 보배로 장엄한 사자좌 위에 편안히 앉으시고 여러 보살과 천신, 용 등 팔부 신중들과 인비인 등과 임금, 왕자, 왕후, 공주들과 여러 대신, 바라문, 장자, 거사들이 앞뒤로 에워싼 가운데 설법하셨다.

그때 모든 천신 대중들은 저 일곱 분의 부처님께서 모두 모이셨음을 보고 참으로 희유(希有)하다는 생각이 들었는데 의혹이 문득 풀렸다.

그러자 모든 대중은 일찍이 없었던 일이라 찬탄하면서 한 목소리로 찬양하였다.

"거룩하고 거룩하십니다. 석가여래께서는 저희들을 이롭게 하고 의혹을 풀어 주기 위하여 저 일곱 분의 부처님을 모두 이곳에 오시도록 하셨사옵니다."

그리고 모든 대중들은 제각기 그 능력에 따라 신묘한 향과 꽃과 찬란한 여러 가지 영락과 온갖 천상의 음악들로 부처님들께 공양하고 오른쪽으로 일곱 번 돌며 합장 공경하며 예배하고 나서 찬탄하여 말했다.

"희유하고 희유하옵니다. 모든 부처님의 깊고도 깊은 경계는 이루 생각할 수도 없이 불가사의하오니, 이는 본래의 원력과 훌륭하고 교묘한 방편으로 말미암아 이와 같이 신기한 모습으로 함께 나투셨습니다."

이에 대중들은 저마다 서원을 세웠다.

"모든 중생들이 이와 같은 부처님의 수승한 선정을 다 얻기를 원하옵니다."

그때 문수사리가 자리에서 일어나 공경히 합장하고 부처님들을 일곱 번 돌며 그 발아래 예배하고 부처님께 말씀드렸다.

"거룩하고 거룩하십니다. 부처님의 선정의 힘은 불가사의하여 본래 세우신 원력과 교묘하신 방편으로 중생들을 성취시켜 주시옵니다.

원하옵나니, 위대한 힘을 지닌 신주(神呪)를 설하셔서 다음 세상의 박복한 중생들이 병고에 시달리거나, 해와 달과 별들의 재난을 당한 이나, 전염병이나 원수를 만난 이나, 험악한 길에 다니다가 두렵고 무서운 일을 당한 이들로 하여금 이 주문에 의지하여 편안함을 얻게 하옵소서.

그리고 모든 중생이 그 신주를 자기가 베끼든지 남을 시켜 베끼게 하여 받아 지녀서 읽고 외우며 또 남에게 널리 일러 준다면 항상 모든 부처님의 보살핌을 입고, 또한 부처님께서 친히 그 모습을 나투시어 소원을 이루어주시며, 중생들이 악도에 떨어지지 않게 하옵시고 횡사하는 일도 없게 하옵소서."

이에 모든 부처님들께서는 문수사리를 칭찬하여 말씀하셨다.

"훌륭하고 훌륭하다. 이것은 우리들이 위신력으로 그대로 하여금 중생을 불쌍히 여겨 모든 고난을 여읠 수 있는 신주(神呪)를 설하여 줄 것을 청하게 한 것이니, 그대는 주의해서 자세히 듣고 잘 생각하고 기억하라. 우리가 이제 마땅히 설하리라.

문수사리여, 위대한 신주의 이름은 '여래정력유리광(如來定力瑠璃光)'이니라. 남자든 여자든 이를 베끼고 독송하고 공경하며 모든 중생에게 대비심(大悲心)을 일으킨다면 그 소원이 모두 만족하게 이루어지고, 여러 부처님들께서 현신하셔서 보살펴 주시며, 온갖 업장과 번뇌를 여의고 반드시 부처님 세계에 태어나게 되느니라."

그때 일곱 분의 부처님께서는 한 음성으로 신주를 설하셨다.

따디야타, 굽 메 굽 메 이니 미니히.

마띠 마띠, 쌉따따타가따 싸맛디 아디쉬티떼, 아떼 마떼 와레 빠빠 쇼다니, 싸르와 압빠야 나샤야.

붓디 붓도따메 위르미 굽 메, 붓다크쎄뜨라 빠리쇼다니.

다마니 다메 메루 메루 메루쉬까레.

싸르와 아깔라므리띠유 니와라니.

붓디 쑤 붓디, 붓다 아디쉬타네나 락샤뚜 메.
싸르와 데바 싸마싸마 싸마노하란뚜 메.
싸르와 붓다 보디쌋뜨와 샤메 샤메
쁘라샤만뚜 메.
싸르와 이띠 우빠드라와 싸르와 비야디 싸르와 쌋따와낭 짜.
뿌라니 뿌라니 뿌라야 메 싸르와 아샤예 바이두리야 쁘라띠바쎄 싸르와 빠빠 크샤양까레 쓰와하.

그때 일곱 분의 부처님들께서 이 주문을 설하시자 광명이 두루 비치고 온 대지가 진동하였으며 갖가지 신통한 변화가 한꺼번에 나타났다.

이에 모든 대중은 이런 일을 본 다음 제각기 능력에 따라 천상의 향화와 바르는 도향과 가루향 등을 부처님들께 받들어 올리고 모두 한 목소리로, '거룩하시옵니다'라고 찬탄하면서 오른쪽으로 일곱 번 돌았다.

그때 부처님들께서는 같은 음성으로 소리 높여 말씀하셨다.

"그대들 모든 사람과 천상의 대중은 마땅히 이렇게 알아야 하느니라. 선남자 선녀인이나 임금, 왕자, 왕후, 왕비, 대신이나 관리, 백성들이 이 신주를 받아 지녀 독송하고 듣고서 남에게도 말하여 들려주며, 아름다운 향과 꽃으로써 경전에 공양하면서 깨끗한 새 옷으로 갈아입고 청정한 곳에서 팔재계를 지키며, 언제나 모든 중생에게 자비와 연민의 마음을 내면서 정성껏 공양한다면 한량없는 복을 얻을 것이니라.

또한 어떤 사람이 기도를 올릴 적에는 마땅히 일곱 부처님의 형상을 조성하여 청정한 곳에 모시고 여러 가지 향과 꽃, 비단으로 만든 당번과 일산과 좋은 음식과 온갖 음악으로 공양하며, 아울러 보살들과 여러 천신들에게도 공양하며 불상 앞에 단정히 앉아 신주를 외우되 이레 동안 팔재계를 지키면서 일천여덟 번을 외운다면, 그 모든 부처님과 보살들이 모두 보살펴주시고 또한 집금강보살(執金剛菩薩)과 제석천과 범천, 사천왕들도 와서 그 사람을 지켜주니 오무간죄와 일체의 업장이 다 소멸하며, 병이 없고 수명이 늘며, 또 횡사하는 일과 모든 전염병이 없으며, 다른 지방의 도적들이 와서 경계를 침범하거나, 다투고 전쟁을 하거나, 송사하여 원수를 맺거나, 굶주리거나, 흉년들거나, 가물거나, 장마지는 등의 두려움이 모두 다 사라지며, 모두가 마치 부모처럼 자비심을 일으키니 원하는 바가 뜻대로 성취되리라."

그때 집금강보살과 제석천, 범천, 사천왕이 자리에서 일어나 공경히 합장하며 석가모니 부처님의 발아래 예배하고 말씀드렸다.

"세존이시여, 저희 대중들은 여러 부처님의 본원과 수승하신 공덕을 들었사옵니다. 또한 여러 부처님의 자비하심이 여기에 이르렀음을 보았사

오며, 저희 중생들로 하여금 직접 공양을 올릴 수 있게 하셨사옵니다.

세존이시여, 만약 어떤 곳에 이 경전과 일곱 부처님의 명호와 다라니법(陀羅尼法)을 널리 유통시키거나 공양하거나 또는 베껴 쓴다면, 저희들 모두가 부처님의 위신력을 받들고 곧 그곳에 가서 그 임금, 대신이나 도시나 시골의 모든 남녀를 막론하고 그들을 감싸고 지켜주겠나이다. 그들이 온갖 괴로움과 질병들에 시달리지 않게 하고 언제나 편안하고 재물과 음식이 풍족하게 함으로써 저희들이 모든 부처님의 깊은 은혜에 즉시 보답하겠나이다.

세존이시여, 저희들이 직접 부처님 앞에서 요긴한 서원을 스스로 세웠사오니, 청정한 믿음을 지닌 남자나 여인이 저희들을 기억하고 생각한다면 마땅히 이 다라니를 외워야 하옵니다."

그리고 곧 다라니를 설하였다.

따디야타, 아굽 마굽 다라굽 마마굽 꿀레, 하히 후, 아믈라 아믈라 아믈라 쥬르 쥬레 쥬레 쓰와하.

"또한 청정한 믿음을 지닌 남자나 여인 또는 임금, 왕자, 대신, 관리나 왕후, 궁녀들이 일곱 부처님의 명호와 이 신주를 읽고 외우며 베껴 쓰고 공경히 공양한다면, 모두가 현세에서 무병장수하고 온갖 괴로움과 번뇌를 여의며, 삼악도에 떨어지지 않고 물러나지 않는 불퇴전의 자리에 이르러 마침내 보리를 성취하고 저 여러 부처님의 국토에 마음대로 태어나서 항상 여러 부처님들을 뵈올 것이며, 숙명통을 얻고 정념과 정정과 총지를 모두 구족하게 될 것이옵니다. 만약 귀신의 시달림이나 학질 같은 병을 앓을 적에도 이 주문을 써서 팔꿈치 뒤에 붙여 두면 병이 차도가 있어서 곧 청정하게 될 것이옵니다."

그때 집금강보살은 일곱 분의 부처님께서 계신 곳으로 나아가 오른쪽으로 세 번 돌고 거듭 공경히 예배한 다음 말씀드렸다.

"세존이시여, 원하옵건대 자비를 베푸시어 저를 보살펴 주시옵소서. 제가 지금 미래의 세상에서 이 경전을 지니는 남자나 여인을 유익하게 하고자 다시 다라니를 설하겠나이다."

이에 일곱 분의 부처님께서는 집금강 보살을 칭찬하여 말씀하셨다.

"훌륭하고도 훌륭하도다. 집금강이여, 우리가 그대를 가호하여 신주를 설하게 하리니, 미래의 세상에서 이 경전을 지닌 이를 보호하여 모든 번뇌를 없애고 그들이 구하는 바를 만족하게 하라."

그때 집금강 보살은 곧 주문을 설하였다.

나마 쌉따남 쌈막쌈붓다남.
나마 싸르와 와즈라다라남.

따디야타, 옴, 와즈리 와즈리, 마하와즈리 와즈라빠샤 다리니, 아싸마싸마 싸만따 아쁘라띠하따 와즈리, 샤마 샤마 쁘라샤만뚜 메 싸르와 위야디야, 꾸루 꾸루 싸르와 까르마아와라나니 끄샤야 싸마얌 아누쓰마라 바가완 와즈라빠니 싸르와 아샴 메 빠리뿌라야 쓰와하.

"세존이시여, 어떤 사람이 일곱 부처님의 명호를 지니고 그 부처님들의 본래 서원과 공덕을 기억하고 생각하며, 아울러 이 주문을 지녀 독송하고 다른 사람들에게 설명한다면, 제가 그 사람의 소원을 모두 이루어지게 하겠사옵니다.

만약 저를 만나서 선악에 대해 묻고자 한다면, 마땅히 이 경전을 베껴 쓰고 일곱 부처님의 형상과 더불어 집금강보살의 형상을 만들되 그 모든 형상에는 부처님의 사리를 모시고 그 형상 앞에는 앞에서 말씀하신 것처럼 갖가지로 공양하며, 예배하고 부처님의 둘레를 돌며, 모든 중생에게 자비심을 내고 팔재계를 받아 지키면서 날마다 세 때로 깨끗하게 목욕하고 세 때로 옷을 갈아입으며, 그 달 초여드렛날로부터 보름날까지 날마다 이 신주를 일백 여덟 번씩 외워서 마음이 산란해지지 않는다면, 제가 꿈속에 현몽하여 함께 이야기를 나누고 구하는 것들을 모두 만족하게 하겠나이다."

그때 대법회 중에 있던 여러 보살들이 모두 함께 말하였다.

"훌륭하고 훌륭하십니다. 집금강보살의 다라니는 불가사의하고 진실로 좋은 말씀입니다."

이에 일곱 분의 부처님께서 이렇게 말씀하셨다.

"우리들이 그대가 설한 신주를 지켜 주리라. 이는 일체 중생을 이롭게 하기 위함이니 모두가 안락해지고 구하는 바 소원을 원만히 이루어지게 하는 것이니, 이 주문이 세상에서 사라지지 않게 하리라."

그때 일곱 분의 부처님께서 모든 보살과 제석천과 범천, 사천왕에게 말씀하셨다.

"내가 지금 이 신주와 경전을 그대들에게 부촉하노니 미래의 세상 후오백세에 불법이 사라지려고 할 때, 그대들은 이 경전을 잘 수호하여 지키도록 하라. 이 경전은 위신력과 이익이 많고도 많아서 온갖 죄를 없애주고 모든 선원(善願)을 이루게 하는 것이니, 정법을 비방하고 성현들을 헐뜯는 박복한 중생에게 이 경전을 함부로 줘서 정법(正法)이 빨리 멸하는 일이 없도록 할 것이니라."

이때 동방의 일곱 부처님 세존들께서 그 대중들을 보시니 하실 일들을 다 마치셨고 이러한 인연에 만족하셨으며, 더 이상 의심하지 않으시고 각기 본래의 국토를 되돌아가시니, 계셨던 자리에서 홀연히 사라지셨다.

그때 구수 아난다가 곧 자리에서 일어나 부처님

의 두 발에 예배하고 오른쪽 무릎을 땅에 꿇고서 공경히 합장하고 부처님께 말씀드렸다.

"세존이시여, 이 경전의 이름은 무엇이오며, 저희들이 어떻게 받아 지녀야 하옵니까?"

부처님께서 아난다에게 말씀하셨다.

"이 경의 이름은 '칠불여래응정등각본원공덕수승장엄(七佛如來應正等覺本願功德殊勝莊嚴)'이고 또한 '문수사리소문(曼殊室利所問)'이며, 또한 '약사유리광여래본원공덕(藥師琉璃光如來本願功德)'이고 또한 '집금강보살발원요기(執金剛菩薩發願要期)'이며, 또한 '정제일체업장(淨除一切業障)'이고, 또한 '소유원구개득원만(所有願求皆得圓滿)'이며, 또한 '십이대장발원호지(十二大將發願護持)'이니 그대들은 이와 같은 이름으로 받들어 지니도록 하라."

이때 부처님께서 이러한 말씀을 마치시자 모든 거룩한 보살들과 성문들과 천, 용, 야차, 간다르바, 아수라, 가루다, 킨나라, 마호라가, 인비인 등 모든 대중들이 부처님의 말씀을 듣고 모두가 크게 환희하며 믿고 받아 지니고 받들어 행하였다.

약사유리광칠불본원공덕경에 나오는
부처님들의 명호와 다라니

부처님들의 명호

1. 나모 선명칭길상왕여래응정등각 (7번)
   南謨 善名稱吉祥王如來應正等覺

나모 바가와떼 수-빠리-끄리띠따-나마-데야야 슈리-라자야 따타가따야 아르하떼 삼먁-삼붓다야.

2. 나모 보월지엄광음자재왕여래 (7번)
   南謨 寶月智嚴光音自在王如來

나모 바가와테 라뜨나-찬드라-즈냐나-쁘라-만디따-쁘라바-고세슈와라-라자야 따타가따야 아르하테 삼먁-삼붓다야.

3. 나모 금색보광묘행성취여래응정등각 (7번)
   喃謨 金色寶光妙行成就如來應正等覺

나모 바가와떼 쑤와르나-라뜨나-쁘라바-쑤브리따
따-싯디야 따타가따야 아르하떼 삼먁-삼붓다야.

4. 나모 무우최승길상여래응정등각 (7번)
   喃謨 無憂最勝吉祥如來應正等覺

나모 바가와떼 아쇼까-웃따마-슈리예 따타가따야
아르하떼 삼먁-삼붓다야.

5. 나모 법해뢰음여래응정등각 (7번)
   喃謨 法海雷音如來應正等覺

나모 바가와떼 다르마-싸가라-가르자나야 따타가따
야 아르하떼 삼먁-삼붓다야.

6. 나모 법해승혜유희신통여래응정등각 (7번)
   喃謨 法海勝慧遊戲神通如來應正等覺

나모 바가와떼 다르마-싸가라-자야-마띠-위끄리디
따-아비즈냐야 따타가따야 아르하떼 삼먁-삼붓다야.

7. 나모 약사유리광여래응정등각 (7번)
   南謨 藥師琉璃光如來應正等覺

나모 바가와떼 바이샤지야-구루-바이두리야-쁘라바-라자야 따타가따야 아르하떼 삼먁-삼붓다야.

다라니

○ 금색보광묘행성취여래다라니
   金色寶光妙行成就如來陀羅尼

따디야타, 씻데 씻데 쑤-씻데, 모차니 목샤니 묵떼 위묵떼, 아말레 위말레 망갈레 히란냐-가르베 라트나-가르베, 싸르와 아르타-싸다니, 빠라마르타-싸다니, 마나씨 마하-마나씨, 아드부떼 아띠야드부떼 위따 브하예.
쑤-와르나 브라마-고쉐 브라마-제쉬테, 싸르와 아르테쉐 싸르와 아바라나 아빠라지떼, 싸르와뜨라 아쁘라띠하떼, 챠뚜샤쉬띠 붓다 꼬띠 바쉬떼.
나마 싸르와 따타가따남 쓰와하.

○ 약사유리광여래대다라니
　　藥師琉璃光如來大陀羅尼

나모 바가와테 바이싸지야 구루 바이두리아 쁘라바
라자야 따타가따야 아르하떼 쌈약-쌈붓다야.
따디야타, 옴 바이싸지예 바이싸지예 바이싸지야 삼
우드가떼 쓰와하

○ 불설여래정력유리광다라니
　　佛說如來定力琉璃光陀羅尼

따디야타, 굽 메 굽 메 이니 미니히.
마띠 마띠, 쌉따따타가따 싸맛디 아디쉬티떼, 아떼
마떼 와레 빠빠 쇼다니, 싸르와 압빠야 나쌰야.
붓디 붓도따메 위르미 굽 메, 붓다크쎄뜨라 빠리쇼다니.
담마니 담메 메루 메루 메루쉬까레.
싸르와 아깔라므리띠유 니와라니.
붓디 쑤 붓디, 붓다 아디쉬타네나 락샤뚜 메.
싸르와 데바 싸마싸마 싸마노하란뚜 메.
싸르와 붓다 보디쌋뜨와 샤메 샤메 쁘라-샤만뚜 메.
싸르와 이띠 우빠드라와 싸르와 비야디 싸르와 쌋따
와낭 짜.

뿌라니 뿌라니 뿌라야 메 싸르와 아샤예; 바이두리야
쁘라띠바쎄 싸르와 빠빠 크샤양까레 쓰와하.

○ 대범천왕, 천주제석급사천왕등소설신주
　大梵天王, 天主帝釋及四天王等所說神咒

따디야타, 아굽 마굽 다라굽 마마굽 꿀레, 하 히 후,
아믈라 아믈라 아믈라 쥬르 쥬레 쥬레 쓰와하.

○ 집금강보살마하살소설주
　執金剛菩薩摩訶薩所說咒

나마 쌉따남 쌈먁쌈붓다남.
나마 싸르와 와즈라다라남.
따디야타, 옴, 와즈리 와즈리, 마하와즈리 와즈라빠
샤 다리니, 아싸마싸마 싸만따 아쁘라띠하따 와즈리,
샤마 샤마 쁘라샤만뚜 메 싸르와 위야디야, 꾸루 꾸
루 싸르와 까르마아와라나니 끄샤야; 싸마얌 아누쓰
마라 바가완 와즈라빠니 싸르와 아샴 메 빠리뿌라야
쓰와하.

불설요치병경
(佛說療痔病經)

석법안 스님 우리말 번역

이와 같이 나는 들었다.

한때 부처님께서는 왕사대성(王舍大城)의 죽림원(竹林園)에서 500명의 대비구 대중들과 함께 계셨다. 그 당시에는 많은 비구들이 몸에 치병(痔病)이 나서 몸이 쇠약해지고 고통에 시달려 밤낮으로 지극한 괴로움을 받고 있었다. 그때 수행과 지혜가 뛰어난 아난타(阿難陁)는 이런 사실을 보고서 세존께서 계신 곳으로 가서 두 발에 머리가 닿도록 절하고 한쪽에 서서 세존께 말씀드렸다.

"지금 왕사성에 있는 많은 비구들이 몸에 치병이 생겨 몸이 쇠약해지고 고통에 시달려 밤낮으로 괴로워하고 있습니다. 세존이시여, 이 모든 치병을 어떻게 하면 치료할 수 있습니까?"

부처님께서는 아난다에게 말씀하셨다.

"그대는 이 치병을 치료하는 경[療痔病經]을 듣고 독송하며 받아 지녀 마음속에 깊이 새겨 잊지 말라. 또한 다른 사람들에게 널리 베풀어 설하도록 하라. 그러면 이 모든 치병이 다 나을 것이다. 즉 풍치

(風痔), 열치(熱痔), 음치(癊痔), 삼합치(三合痔), 혈치(血痔), 복중치(腹中痔), 비내치(鼻內痔), 치치(齒痔), 설치(舌痔), 안치(眼痔), 이치(耳痔), 정치(頂痔), 수족치(手足痔), 척배치(脊背痔), 시치(屎痔)와 온몸의 뼈마디에 생기는 여러 가지 치병 등 이와 같은 치병은 모두 다 말라 떨어지고 사라져서 결국 틀림없이 나을 것이니, 모두가 이와 같은 신묘한 주문을 외워야 하느니라."

이윽고 곧 주문을 말씀하셨다.

"따드야타 알란떼 알라메 슈왈리 치니 슈왈리 슈왈리 마하슈왈리 삼바베 쓰와하."

[거란본에는 이렇게 나와 있다.]
"따드야타 사르와 아르떼글라남 메 슈리 비 스리 스리 마카츠 치트 삼바바투 쓰와하."

"아난타야, 이곳으로부터 북쪽에 대설산왕(大雪山

王:히말라야 산맥)이 있는데, 그곳에는 난승(難勝)이라는 큰 사라수(莎羅樹)가 있다. 이 나무는 세 종류의 꽃이 있으니, 첫째는 갓 핀 것이고, 둘째는 활짝 핀 것이며, 셋째는 시들어 마른 것이니라. 마치 그 꽃이 말라 떨어질 때처럼 내가 언급했던 온갖 치병들도 이와 같이 될 것이다. 다시는 피가 나지 않고 또한 고름도 흐르지 않을 것이며, 영원히 고통이 없어지고 모두 말라 나을 것이니라. 또한 항상 이 경을 외운다면 숙주지(宿住智)를 얻어 과거 일곱 생(生)의 일을 기억할 수 있을 것이며 주법(呪法)을 성취할 것이다. 쓰와하."

또 주문을 말씀하셨다.

"따드야타 샤메 샤마네 샤메 샤마네 쓰와하."

부처님께서 이 경전을 설하시고 나자, 그때 구수(具壽) 아난타와 많은 대중들이 모두 기뻐하면서 믿고 받아들여 받들어 행하였다.

약사신앙의 이해

석법안 스님 편저

여법(如法)하게 간절히 기도해야 마침내 소원을 성취할 수 있습니다. 그러자면 약사신앙의 이해를 외면해서는 안 됩니다. 약사신앙에 대한 아무런 사전 지식 없이 무턱대고 기도하는 것은 지도 한 장 없이 머나먼 여행길에 오른 나그네와도 같은 처지일지도 모릅니다. 물론 그렇다고 해서 시험공부를 하듯이 그 내용을 달달 외울 필요까지는 없으니 미리 겁먹을 필요도 없습니다. 편안한 마음으로 기본적인 지식을 찾아보아 그 요지를 파악하는 것으로 충분합니다. 그래서 여러 불자님의 약사신앙에 대한 쉽고도 간략한 이해를 위해 제가 쓴 관련 학위논문에서 근본적인 대목을 뽑아 재구성해 보았습니다. 좀 더 깊이 공부하거나 온전한 내용을 알고 싶은 불자님들에게는 「약사신앙에 관한 연구」, 이은경(법안), 원광대 동양학대학원, 2000, 2(석사학위 논문)과 「한국 약사정토사상에 관한 연구 : 신라태현의 『본원약사경고적』을 중심으로」 이은경(법안), 원광대 대학원, 2004, 8(박사학위 논문)의 일독을 권해드립니다.

약사여래 부처님은
어떤 분인가?

1. 약사여래의 명호

약사여래는 '약사유리광여래(藥師瑠璃光如來)'의 약칭이다. 범어로는 바이사지아구루-바이두리야(Bhaisajyaguru-vaidurya)라고 하고 역시 바이사지아-구루(Bhaisajya-guru)라고 줄여 부른다. 그밖에 이 부처님의 한역(漢譯) 명호로는 대의왕불(大醫王佛)·의왕선서(醫王善逝)·의왕불(醫王佛)·유리광왕(瑠璃光王) 등등 여러 가지가 있다. '약사'라던가 '의왕'이라는 말에서 알 수 있듯이 이 부처님은 모든 중생의 질병을 치유하고 재앙을 소멸시키며, 붓다의 원만행(圓滿行)을 닦는 이가 무상보리(無上菩提)의 묘과(妙果)를 얻게 해주는 부처님이시다.

보통 약사여래는 칠불약사(七佛藥師)라고 부르기도 한다. 첫째는 선명칭길상왕여래(善名稱吉祥王如來), 둘째는 보월지엄광음자재왕여래(寶月智嚴光音自在王如來), 셋째는 금색보광묘행성취여래(金色普光妙行成就如來), 넷째는 무우최승길상여래(無憂最勝吉祥如來), 다섯째는 법해뢰음여래(法海雷音如來), 여섯째는 법해승혜유희신통여래(法海勝慧遊戲神通如來) 그리고 일곱째가 바로 약사유리광여래이시다. 첫째에서 여섯째까지의 여래는 약사여래의 분신으로 중생의 원에 따라 나타나시는 것이다.

2. 약사여래의 상호

약사여래 부처님의 모습은 다음과 같다. 먼저 『약사여래염송의궤(藥師如來念誦儀軌)』에 따르면 왼손에는 무가주(無價珠)라고도 하는 약그릇을 들고 계시며, 오른손으로는 삼계인(三界印)을 맺고 계신다고 한다. 또 몸에는 가사를 걸치시고 결가부좌를 한 채 연화단상에 앉아 계신다고 한다.

다음으로 「아사박초(阿娑縛抄)」라는 책에 이렇게 기록되어 있다. 오른손으로는 원(願)을 상징하고, 왼손으로는 시무외인(施無畏印)을 맺고 계신다.

왼손에는 진귀한 구슬을 가지고 계시며, 오른손은 가볍게 들고 왼손 끝 손가락은 굽혀서 배꼽에 닿게 하신다. 또 왼손으로는 약 주전자를 잡고 결정인을 맺은 다음 응신설법(應身

說法)을 하는 모습도 있다. 손에는 의복과 발우와 석장 등을 가지고 계시기도 하여 상호의 종류는 실로 다양하다고 할 수 있다.

3. 약사여래의 본원과 공덕

약사여래 부처님은 아미타 부처님과 비슷하게 과거에 약왕(藥王)이라는 보살로 수행하면서 중생의 아픔과 슬픔을 소멸시키기 위한 12가지 대원(大願)을 세워서 마침내 증득하고 부처님이 되신 분이다. 따라서 약사여래 부처님을 이해하는 핵심은 12대원이 될 수밖에 없다. 그러면 그 내용을 하나 하나 살펴보도록 하자.

첫 번째 대원은 광명보조원(光明普照願)이다.
"바라옵건대 내가 오는 세상에서 보리를 얻을 때에, 내 몸의 광명이 끝없는 세계를 비추고 삼십이상과 팔십수형호로 내 몸이 장엄되며, 모든 유정들도 내 몸과 같게 하리라."
『약사유리광칠불본원공덕경』

즉, 당신이 성불하시고 나면 그 나라에 태어나는 모든 중생들이 당신과 같은 상호를 갖추게 될 것이라고 하신 것이다.

두 번째 대원은 수의성변원(隨意成辨願)이다.
"바라옵건대 내가 오는 세상에서 보리를 얻을 때에, 몸은 유리처럼 안팎이 맑고 광대한 광명은 모든 세계에 가득하며, 해와 달을 뛰어넘는 불꽃그물로 장엄하여 철위산 속의 깜깜한 곳에서도 서로를 볼 수 있으며, 이 세계에서 어두운 밤에 다니는 중생들이 나의 광명을 보면 어리석음을 깨치고 모든 일을 하고자 하는 대로 할 수 있게 하리라."
『약사유리광칠불본원공덕경』

즉, 내세에 깨달음을 얻었을 때 몸의 안팎이 유리처럼 투명하고 일월처럼 장엄되며, 중생들의 어두운 세계를 다 밝혀줄 것이라 하셨다.

세 번째 대원은 시무진물원(施無盡物願)이다.
"바라옵건대 내가 오는 세상에서 보리를 얻을 때에, 한량없고 끝없는 지혜와 방편으로써 모든 유정이 필요한 모든 물자를 끝없이 얻게 하리라." 『약사유리광칠불본원공덕경』

즉, 한량없는 지혜와 방편을 가지고 모든 중생들이 필요로

하는 생활용품이 부족함이 없도록 하고자 하는 원을 세우신 것이다.

네 번째 대원은 안립대승원(安立大乘願)이다.
"바라옵건대 내가 오는 세상에서 보리를 얻을 때에, 삿된 도를 행하는 유정들에게는 보리의 바른 길을 가도록 하고, 성문승과 독각승[聲聞獨覺乘]도 모두 대승의 법에 편안히 머물도록 하리라." 『약사유리광칠불본원공덕경』

즉, 사도(邪道)를 행하는 중생들이 모두 정도(正道)에 들어와 보리를 얻게 하고, 소승은 대승으로 돌아오게 하리라 서원하신 것이다.

다섯 번째 대원은 구계청정원(具戒淸淨願)이다.
"바라옵건대 내가 오는 세상에서 보리를 얻을 때에, 유정들이 나의 법 안에서 범행(梵行)을 수행한다면 불결계(不缺戒)를 얻어서 삼업(三業)을 잘 다스리게 하고 계율을 범하여 악도에 떨어지는 자가 없게 하리라. 설령 계율을 범하였더라도 나의 이름을 듣고서 전념(專念)으로 받아 지니고 지극한 마음으로 잘못을 참회한다면, 청정함을 다시 얻고 마침내 보리를 얻게 하리라." 『약사유리광칠불본원공덕경』

모든 중생이 계율을 지니게 되고 대승의 계율인 삼취정계(三聚淨戒)를 지키게 되며, 설사 파계한 중생이라도 약사여래를 염불하면 곧 청정해져서 지옥에 떨어지는 일이 없도록 하겠다고 서원하신 것이다.

여섯 번째 대원은 제근구족원(諸根具足願)이다.
"바라옵건대 내가 오는 세상에서 보리를 얻을 때에, 유정들이 불구의 몸으로 더럽고 지저분하며, 피부에 감각이 없고, 청각장애, 시각장애, 언어장애, 지체장애, 곱사, 나병, 간질, 정신병 등 갖가지 병으로 고통받고 시달리더라도 나의 이름을 듣고 지극한 마음으로 부르고 생각한다면, 누구나 단정한 몸을 얻고 모든 병이 소멸하리라." 『약사유리광칠불본원공덕경』

즉, 불구인 중생들도 당신의 명호를 부르면 온전한 몸을 얻게 하고, 어리석은 중생도 슬기롭게 해주시리라고 서원하신 것이다.

일곱 번째 대원은 제병안락원(諸病安樂願)이다.
"바라옵건대 내가 오는 세상에서 보리를 얻을 때에, 유정들이 가난하여 형편이 딱하고 처지가 어렵지만 의지할 데가 없고 갖가지 질병에 시달리지만 약과 의사가 없더라도 잠깐 동안

약사신앙의 이해

이나마 나의 이름을 듣는다면, 온갖 병이 사라지고 권속들이 번성하고 재산도 모자람이 없을 것이며, 몸과 마음이 안락하고 마침내 보리를 얻게 하리라." 『약사유리광칠불본원공덕경』

즉, 빈궁과 고독과 질병으로 괴로워하는 중생들이 당신의 명호를 부르면 병을 소멸시키고 신심의 안락을 얻게 해주리라고 서원하신 것이다.

여덟 번째 대원은 전여성남원(轉女成男願)이다.
"바라옵건대 내가 오는 세상에서 보리를 얻을 때에, 어느 여인이 여자이기 때문에 당하는 온갖 나쁜 일과 고통에 시달려 여자로 태어난 것을 몹시 싫어하여 여자의 몸을 버리길 원할 적에 나의 이름을 듣고 지극한 마음으로 부르고 생각한다면, 곧 바로 지금의 몸을 바꾸어 장부의 상호를 갖춘 남자가 되고 마침내 보리를 얻게 하리라." 『약사유리광칠불본원공덕경』

즉, 여인의 몸으로 성불을 위해 남자의 몸을 얻고자 당신의 명호를 부르면 그대로 장부의 상을 갖추게 해주리라고 서원하신 것이다.

아홉 번째 대원은 안립정견원(安立正見願)이다.

"바라옵건대 내가 오는 세상에서 보리를 얻을 때에, 모든 유정들로 하여금 마귀의 올가미에서 벗어나게 하고, 또 갖가지 삿된 견해의 무리들까지도 모두 받아들여 바른 견해를 내게 하고, 점점 여러 보살행을 닦아 익히도록 하여 마침내 보리를 얻게 하리라."   『약사유리광칠불본원공덕경』

즉, 나쁜 소견을 없애고 부처님의 바른 견해로 돌아와 속히 보리를 얻게 해주겠다고 하신 것이다.

열 번째 대원은 제난해탈원(除難解脫願)이다.
"바라옵건대 내가 오는 세상에서 보리를 얻을 때에, 유정들이 국법에 걸려 감옥에 갇히고 목에 칼이 씌워지며 매를 맞아 결국 죽게 되거나, 또 어떤 중생이 괴로운 일에 너무 많이 시달려 근심 걱정으로 잠시도 즐거울 때가 없더라도 나의 이름을 듣는다면, 나의 복덕과 위신력으로 모든 근심과 괴로움에서 벗어나고 마침내 보리를 얻게 하리라."
『약사유리광칠불본원공덕경』

이는 국난과 형난(刑難) 등의 괴로움을 만났을 때, 당신의 명호를 부르면 복덕과 위신력으로 그 고액을 벗어나게 해주겠다고 하신 것이다.

열한 번째 대원은 포식안락원(飽食安樂願)이다.

"대원은 바라옵건대 내가 오는 세상에서 보리를 얻을 때에, 유정들이 굶주림에 시달려 먹을 것을 얻으려고 여러 악업을 지었더라도 내 이름을 듣고 지극한 마음으로 부르고 생각한다면, 나는 먼저 가장 좋은 음식으로 그들을 배부르게 한 뒤에 진리의 맛으로 수승한 즐거움에 머물게 하며 마침내 보리를 얻게 하리라."　　　　　　　　『약사유리광칠불본원공덕경』

즉, 주리고 목마른 괴로움을 당할 때 당신의 명호를 부르면 곧 좋은 음식을 얻고 육체를 만족시키며 마음이 법미를 얻어 안락하게 되리라고 하신 것이다.

열두 번째 대원은 미의만족원(美衣滿足願)이다.

"바라옵건대 내가 오는 세상에서 보리를 얻을 때에, 유정들이 가난하여 입을 옷이 없어서 모기와 등에, 추위와 더위에 시달리더라도 나의 이름을 듣고 지극한 마음으로 부르고 생각한다면, 그들이 좋아하는 가장 좋은 옷과 보배로 만든 장엄구와 음악과 향과 꽃을 모두 만족하도록 얻게 하고 온갖 괴로움을 여의며 마침내 보리를 얻게 하리라."

『약사유리광칠불본원공덕경』

즉, 가난과 헐벗는 괴로움을 당해서도 당신의 명호를 부르면 좋은 옷을 얻고 갖가지 장엄을 갖추게 해주리라고 하신 것이다.

이 12대원을 다시 요약하면 첫 번째와 두 번째 대원은 당신 몸의 광명이 온 세계에 두루 비칠 것을 말한 것이고, 네 번째와 아홉 번째 대원은 무지와 사도에서 벗어나기를 원한 것이고, 다섯 번째와 여섯 번째 그리고 여덟 번째 대원은 죄업에서 벗어나기를 원한 것이고, 일곱 번째 대원은 질병에서 벗어나게 하는 것이고, 세 번째와 열한 번째 그리고 열두 번째 대원은 빈곤과 굶주림과 추위에서 벗어나게 하는 것이며, 열 번째 대원은 일체의 재난에서 벗어나기를 원한 것이다.

이처럼 12대원은 약사여래의 본원이 단지 중생들의 병고의 구제에만 그치는 것이 아님을 보여준다. 생활필수품이나 의복과 음식 등 의식주의 문제는 물론 사도나 외도에 빠진 자·파계자·범법자 등의 구제에까지 미치고 있음을 볼 때,『약사경』은 다른 경전에서는 볼 수 없는 매우 현실적인 실천명제를 내세우고 있음을 알 수 있다.

그러면 다음으로『약사경』을 지니고 예배공양 함으로써 얻는 공덕을 살펴보도록 하자.

1) 간탐자로 마땅히 삼악도에 떨어질 죄를 지었다 해도 죄

가 소멸되어 악도에 떨어지지 않는다.

2) 온갖 삿된 견해와 아만(我慢)에 사로잡혀 정법을 비방한 까닭에 마땅히 악도에 떨어질 것이나 약사여래의 명호를 지니고 참회하면 그 죄가 소멸된다.

3) 간탐을 부리고 질투하며 스스로 자랑하고 남을 비방한 죄업으로 마땅히 악도에 떨어질 자도 약사여래의 명호를 듣고 참회하면 그 위신력에 힘입어 갖가지 고통에서 벗어나서 총명함과 지혜를 얻어 마침내 생사를 초월하게 된다.

4) 어떤 중생이 매우 패악(悖惡)하여 싸우고 송사하기를 좋아하며 남을 해치고 괴롭혔더라도 약사여래의 명호를 듣고 참회하면 그 죄업에서 벗어나게 된다.

5) 팔재계(八齋戒)를 일 년이나 삼 개월 동안 지키고 약사여래의 명호를 지니면 다시 여인의 몸을 받지 않게 된다.

6) 약사여래의 명호를 듣거나 지니면 선신이 수호하고 악신이 침범하지 않기에 비명횡사하는 법이 없다.

7) 약사여래를 예경하고 그 경을 외우고 지니며 다른 사람을 위해 설해주면 온갖 귀신·짐승·독충 같은 해로운 것들이 침범하지 못 한다.

8) 계를 깨뜨렸다고 해도 약사여래의 명호를 지니면 악도에 떨어지지 않으며 생산의 액난이 없고 아들을 낳으면 단정하고 총명하다.

9) 사람이 목숨을 다할 때 약사여래의 명호를 부르면 모든 장애를 여의고 그 유리광정토에 태어난다.
10) 약사여래의 명호를 지니고 경을 독송하면 질병·외침·천재지변을 비롯한 일체의 재난이 침범하지 못하고 나라 안이 안온하고 백곡이 풍족하며 모든 중생의 병이 없어진다.
11) 약사여래의 명호를 지니고 이 경을 외우는 이는 아홉 가지의 횡사를 면한다.

결국 이 모든 이로움은 약사여래의 본원인 12대원 가운데 다 들어있는 것이다. 다시 말해 약사여래 부처님을 믿으면 중생으로서 당하는 모든 질병과 재액이 다 소멸된다는 것이다.

4. 약사여래의 권속

1) 일광(日光)보살과 월광(月光)보살

일광보살과 월광보살은 약사여래의 양쪽에 있는 협시(挾侍)보살이다. 이 두 보살은 약사불을 대신해 무량한 중생들 가운데 병고에 시달리는 중생을 찾아다니면서 덕을 베풀고 병고를 치료해 주시는 자비스러운 보살이다.

월광보살은 범어로는 찬드라프라바(Candra-prabha)이며 음역은 전달라발라바(戰達羅鉢羅婆)이고, 의역은 월광변조(月光遍照) 또는 월정(月淨)이라고 한다. 이 보살은 약사불의 오른쪽에 위치한다. 일광보살과 함께 무량무수의 보살 가운데 상수가 되어 점차 보처(補處)가 되었다고 한다. 이 보살은 우유 빛 몸을 드러내고 거위자리를 탔다. 왼손에는 월륜(月輪)을 쥐고 있으며 오른손으로는 홍백색의 연꽃을 쥐고 있다.

일광보살은 범어로는 수리야프라바(Surya-prabha)이며, 일광변조보살 또는 일요(日曜)보살이라고도 한다. 이 보살은 태양처럼 빛나는 지혜와 덕상을 갖추고 중생을 교화하는 보살이다. 찬란한 원광(圓光)으로 중생들의 온갖 재앙을 두루 비춰 소멸시키는 보살이다. 약사불의 왼쪽에 위치하며 몸은 적홍색이다. 왼손바닥에는 태양을 올려놓고 오른손에 넝쿨로 된 붉은 색 꽃을 들고 있는 형상으로 한다. 일광보살은 월광보살과 함께 해와 달이 온 세상을 비추어 만물을 자라게 하고 더위를 식히듯이 중생들로 하여금 온갖 병고에서 벗어나 보리를 증득하게 하는 보살이다.

2) 약사십이신장(藥師十二神將)

약사십이신장은 역사여래의 분신 또는 그의 권속이며, 본존을 둘러싸고 있는 수호신이다. 그리고 십이야차대장 또는 십이신명(十二神明)이라고도 부른다. 이 신장들은 약사여래의 십이대원이 순조롭게 실현되기 위해 화현한 갈마신들이다. 이 신장들의 임무는 그들이 세운 서원을 통해 알 수 있다.

"세존이시여, 저희들은 이제 부처님의 위신력에 힘입어 일곱 부처님의 명호를 듣게 되었으니, 다시는 악도에 떨어지지 않을 것이며 이에 대한 두려움이 없어졌습니다.
저희들은 서로 한마음이 되어 몸이 다할 때까지 불·법·승 삼보에 귀의하겠나이다. 맹세코 모든 유정들을 떠맡아 올바르고 유익하며, 풍요롭고 안락하게 하겠나이다.
도시나 시골이나 한적한 숲속에서라도 이 경을 널리 유포하고 독송하거나, 일곱 부처님의 명호를 받아 지녀서 공경하고 공양하는 사람들이 있다면 저희 권속들은 이 사람들을 보호하여 지키고 모든 괴로움과 어려움에서 벗어나게 하고 바라는 것과 구하는 것을 모두 만족하게 하겠나이다."
『약사유리광칠불본원공덕경』

이것으로 대기원을 삼는 이 약사십이신장이 주야로 열두 시간의 호법신이라는 것을 알 수 있다. 그러면 그 하나하나의 면모를 살펴보도록 하자.
(1) 비갈라대장(비까라 대장): 이 대장의 본지(本地)는 석가

여래이며 자시(子時)의 수호신이다. 온몸은 청색이며 분노형을 하고 머리에는 서형(鼠形)의 관을 쓰고 오른손은 아래로 떨어뜨려 삼호(三胡)를 갖고 왼손은 오른쪽 소매를 잡는 형태를 하고 있다.

(2) 초두라대장(차뚜라 대장): 이 대장의 본지는 금강수보살이며 축시(丑時)의 수호신이다. 온몸은 적색이고 분노형을 나타내고 머리에는 우관(牛冠)을 쓰고 오른손은 횡검(橫劍)을 잡았으며, 왼손 손바닥을 펴고 첨검(尖劍)을 갖는다.

(3) 진달라대장(찬드라 대장): 이 대장의 본지는 보현보살이며 인시(寅時)의 수호신이다. 웃으면서도 화난 듯한 용모[笑怒容貌]를 하고 머리에는 호관(虎冠)을 쓰고 오른손은 보주를 들고 왼손은 보봉(寶棒)을 잡고 있다.

(4) 마호라대장(바홀라 대장): 이 대장의 본지는 약사여래이며 묘시(卯時)의 수호신이다. 온몸은 청색이고 약간 분노상을 하였는데 머리칼은 적색이며 위로 올렸다. 머리에는 토관(兎冠)을 쓰고 오른손은 주먹을 쥔 채 허리에 놓았으며 왼손에는 도끼를 가지고 있다.

(5) 파이라대장(빠즈라 대장): 이 대장의 본지는 문수보살이며 진시(辰時)의 수호신이다. 몸은 백육색이고 분노한 용모이며, 머리에는 용관(龍冠)을 쓰고 오른팔을 굽히고

주먹을 쥐고 활을 가졌으며 왼손으로 활을 잡고 있다.

(6) 인달라대장(인드라 대장): 이 대장의 본지는 지장보살이며 사시(巳時)의 수호신이다. 온몸은 적색이고 머리에는 사관(蛇冠)을 쓰고, 오른팔을 굽히고 손바닥을 펴서 가슴 옆에 놓았으며, 왼손에는 삼단극(三段戟)을 가지고 있다.

(7) 산저라대장(샨띨라 대장): 이 대장의 본지는 허공장보살이며, 오시(午時)의 수호신이다. 온몸은 적색이고 분노형을 나타낸다. 머리에는 마관(馬冠)을 쓰고 오른손 으로는 삼단극을 잡고 왼손에는 나구(螺具)를 가지고 있다.

(8) 알니라대장(아닐라 대장): 이 대장의 본지는 마리지천(摩利支天)이며 미시(未時)의 수호신이다. 온몸은 백색이고 분노형을 나타내고 있으며 머리칼은 위로 치솟아 있다. 머리에는 양관(羊冠)을 쓰고 오른손에는 전우(箭羽)를 갖고 왼손에는 시근(矢根)을 갖고 이 화살을 궁형(弓形)으로 비틀어 놓는다.

(9) 안저라대장(안디라 대장): 이 대장의 본지는 관세음보살이며 신시(申時)의 수호신이다. 온몸은 적색이며 대분노상을 나타내고 머리에는 후관(猴冠)을 쓰고 오른손은 팔꿈치를 굽히고 오른쪽 가슴 앞에 놓았으며 손바닥을 펴고 앞으로 향한다. 왼손을 굽히고 손바닥을 펴서 손바닥 위에

보주를 놓았다.

(10) 미기라대장(메칼라 대장): 이 대장의 본지는 아미타여래이며 유시(酉時)의 수호신이다. 온몸은 적색이고 분노형을 나타내고 머리에는 계관(鷄冠)을 쓰고 오른손에는 독고(獨鈷)를 갖고 왼손은 주먹을 쥐었으며 아랫배 부분을 누르고 있다.

(11) 벌절라대장(바즈라 대장): 이 대장의 본지는 대세지보살이며 술시(戌時)의 수호신이다. 온몸은 청색이고 분노형을 나타내었으며 머리칼은 많은데다 위로 치솟아 있다. 머리에는 구관(狗冠)을 쓰고 오른손에는 칼을 가졌으며 왼손은 주먹을 쥐고 허리에 놓았다.

(12) 궁비라대장(꿈비라 대장): 이 대장의 본지는 미륵보살이며 해시(亥時)의 수호신이다. 온몸은 적색이고 분노형을 나타낸다. 큰 칼을 잡은 오른손은 양 머리 위를 가로 둘렀으며 왼손은 손바닥을 펴고 허리에 놓았다.

5. 약사전(藥師殿)

약사전은 약사불상을 모신 곳으로 여기에 약사여래의 사상과 세계관을 그림으로 나타낸 불화도 함께 봉안된다. 약사전은 사찰의 여러 불전 가운데 하나이다. 보통 동방정유리세계에 나기를 서원하기라도 하듯이 동향으로 되어 있다. 당우내에는 약사여래를 중심으로 좌우에 일광보살과 월광보살을 협시로 봉안한다.

약사전은 이 명칭 외에도 만월전·만월보전·유리전이라는 이름을 사용하기도 한다. 당내의 약사여래상은 보통 시무외인이나 여원인(與願印)을 하고 있는데 이는 끝없이 베풀고 소원하는 바를 들어주겠노라는 뜻을 지닌 수인이다.[1] 이러한 수인을 지닌 약사불은 설법도에서 아미타불과 흡사한 면을 지니고 있는데, 이를 구별하기는 쉽다. 즉 약사불은 왼손에 약 그릇 또는 약합을 들고 있는 것으로 구별하면 된다.

초기의 약사불은 약합을 들고 있지 않았는데 8세기 초엽부터 약합을 든 형상이 나타나게 되었다. 이는 불공(不空 705~774) 삼장이 번역한 「약사유리염송의궤」를 따른 형상으로 볼 수 있다. 후불탱화로는 약사여래의 정토인 동방약사유리광회상도가 봉안된다. 원래 이 탱화에는 약사삼존불과 호법신장인 12신장을 함께 묘사하나, 우리나라 약사전의 후불탱화는 호법신을 사천왕 등으로 구성하고 있다. 또한 건물 내부는 대웅전과 같이 닫집을 만들고, 천장은 우물천장이며, 주위에는 돌아가면서 연꽃과 비천 등을 묘사하게 된다. 대표

---

1) 진홍섭, 『한국의 불상』, 일지사, 1984, p.96

적인 문화재로는 보물 제179호인 강화 전등사의 약사전과 승주군에 있는 송광사의 약사전을 들 수 있다.

6. 약사탱화(藥師幀畵)

약사탱화는 약사여래의 사상이나 신앙을 그림으로 묘사한 불화이다. 흔히 사찰내의 약사전에 봉안된다. 약사여래는 중생의 온갖 병고를 치유하고 모든 재난을 제거하고 수명을 연장시켜주는 부처님이시다. 이와 같이 현세구복의 성격이 강했던 약사신앙은 통일신라 초기부터 크게 성행하였다. 따라서 약사탱화도 일찍부터 우리나라에서 나타났을 것으로 추정된다. 그러나 현재 조선 중기 이전의 탱화는 발견되지 않고 있다.

약사탱화는 네 가지 유형으로 대별된다. 첫째는 약사여래만 단독으로 그리는 독존도(獨尊圖)형식이며, 둘째는 약사여래와 협시보살인 일광보살과 월광보살을 함께 묘사한 삼존도이며, 셋째는 약사삼존상 외에 12신장과 성중들을 거느린 그림으로서 이를 약사회상도(藥師會上圖)라고도 한다. 넷째는 동방유리광세계인 동방정토의 변상으로, 수미좌에 앉은 약사여래부처님을 중심으로 일광, 월광보살을 비롯한 약사 8대 보살 및 대범천왕과 제석천왕, 아난과 가섭, 그리고 12약사 신장이 반원형을 이루며 본존을 둘러싼 구도를 보이고 있다.

『약사경』은 어떤 경전인가?

1. 『약사경』의 성립

약사신앙은 원시불교 경전에서 그 사상적 태동이 발견되고 있으며 약사신앙과 관련된 경전의 외형적 요소는 힌두교와 깊은 관련이 있다. 서기전 1300년경 고대인도에는 아리아인들이 인도의 원주민인 드라비다인과 문다인 등을 정복하고 발생시킨 문명 가운데 베다(Veda) 문학이 있었다. 베다를 구성하는 리그베다에는 제사의식과 여러 신들에 대한 찬가가 있으며 아타르바베다는 우주의 근원과 부귀·장수·승전 그리고 저주와 원한 등에 관한 많은 주문(呪文)들로 구성되어 있다.[2]

이상의 베다문학을 재조직하여 성립된 힌두교는 난해한 종교의 사유와 체득을 지양하고 대중에 의해 손쉽게 수용될 수 있는 형태로 변모하여 대중적으로 농민을 위시하여 큰 세력의 기반을 가지게 되었다. 특히 굽다왕조(B.C.2~A.D.4)는

---

2) 정병조, 『인도철학사상사』, 경서원, 1980, pp.23~26

정치적으로 힌두교를 적극적으로 지원하여, 당시 지나치게 학문적 연구에 치우치고 사회적 참여에 소홀하였던 불교는 그 세력이 크게 위축되기에 이른다.[3]

이러한 상황은 불교로 하여금 대승불교의 사상적 체계를 성립시키도록 자극을 주었다. 또한 힌두교에 나타나는 진언(眞言), 제사의식이나 만다라 등을 불교적으로 수용하는 계기가 되었다. 힌두교의 요소들은 처음에는 단편적으로 불교에 유입되다가 발전을 거듭한 후『대일경(大日經)』과『금강정경(金剛頂經)』의 성립을 계기로 사상적으로 체계화된 밀교를 탄생시키는 주요 원인이 된다.[4] 이는 약사신앙의 주요 신앙목적의 하나인 치병과 관련된 사상의 성립과정을 살펴보면 약사신앙의 치병적 요소와 관련한 최초의 언급은 원시불교의 교단에서 주문과 관련된 내용에서 나타나고 있다.

초기의 불교교단에서는 주문을 공식적으로 금하고 있었지만, 예외의 경우가 있다. 교단의 율전인 팔리율·십송율·사분율 등에 보면 치병이나 호신을 위한 목적에 한하여 주문이 인정되고 있는 내용들이 있다. 이는 약사신앙의 치병과 관련한 사상적 태동이 원시불교까지 거슬러 올라가고 있음을 뜻한다. 이러한 원초적 약사신앙의 사상은 초기대승불교경전인

---
3) 정병조, 앞의 책, pp.114~115
4) 이호근 역,『인도불교의 역사』, 민족사, 1991, pp.270~287

『법화경』에 보면 구체적으로 나타난다. 『법화경』의 「서품」에는 약왕보살과 월광보살이 등장하고 있고, 「권지품」·「법사품」·「약왕보살본사품」·「다라니품」에 보면 약왕보살이 주체가 되어 각 품들이 설해지고 있다. 약왕보살과 월광보살은 모두 『약사경』에 등장하는 보살들의 명칭이다. 이와 같이 보살들의 명칭이 구체적으로 나타나는 것은 후에 『약사경』을 탄생시킬 수 있는 외형적 근거와 『약사경』의 주불인 약사여래의 탄생을 예고하는 것이라 할 수 있다.

그러나 한편으로 『법화경』이 현재의 모습으로 완성될 당시 약사신앙이 이미 단독신앙으로 문헌화되었을 가능성도 있다. 이를 뒷받침하는 것은 『법화경』이 일시에 성립된 경전이 아니고 각 품들이 따로 존재하였다가 최후에 현재의 모습으로 완성된 것이다. 그중 「약왕보살본사품」은 『법화경』의 다른 품들과 달리 내용적 연관성이 별로 보이지 않고 있다. 따라서 『법화경』이 성립되던 시기 이전에 약사신앙이 하나의 독립된 신앙으로 존재하였다가 후에 단독 경전으로 성립된 후 『법화경』으로 편입되었을 가능성이 높다.[5] 이것은 약사신앙이 원시불교에서 사상적 태동의 단계를 지나 『법화경』에서 구체적인 신앙형태로 형성되고 있는 것으로 볼 수 있다.

---

5) 이호근 역, 앞의 책, pp.263~266

2. 『약사경』의 종류와 개요

현재 『약사경』은 범본인 길기트본과 한역(漢譯) 4본과 티베트역 2본이 전해지고 있다. 이 가운데 가장 유행되고 널리 알려진 것은 수나라 달마급다(達磨笈多,?~619)가 번역한 『불설약사여래본원경(佛說藥師如來本願經)』 1권과 당나라 현장삼장(玄奘三藏,600~664)이 번역한 『약사유리광여래본원공덕경(藥師瑠璃光如來本願功德經)』 1권과 당나라 의정삼장(義淨三藏, 635~713)이 번역한 『약사유리광칠불본원공덕경(藥師瑠璃光七佛本願功德經)』 2권이 있다. 이 3본의 구성상의 차이와 그 대략적인 내용을 소개하면 다음과 같다.

1) 『불설약사여래본원경』

이 경전에서는 서론에 해당되는 부분에 이 경을 설한 배경과 약사여래가 고통과 병고에서 시달리는 중생을 구제하기 위해 세운 12대원을 열거했다.

본론에 해당하는 정종분에는 이 경을 읽는 공덕과 위력을 설명했으며, 결론에 해당된다고 할 수 있는 유통분에서는 중생들의 원과 여래의 서원을 보호하도록 12신장을 내세웠다. 또한 약차신(藥叉神)도 등장하고, 끝으로 이 경의 유행광통(流行廣通)에 대해 기록하고 있다.

2) 『약사유리광여래본원공덕경』

이 경은 서분에 역시 12대원을 두었으나 그 내용에 있어 앞의 경전과는 약간의 차이를 보이고 있다. 정종분에서 경의 공덕을 설하고 있지만, 내용상 앞의 경전과는 다른 점을 볼 수 있다. 특히 약사여래가 아득한 옛날에 보살만행을 닦은 공덕으로 성불하여 일체중생의 병고를 구제하고 되었다는 요지를 밝혀주고 있다. 또 유통분에서는 12신장과 야차신 등의 삼보에 대한 귀의와 견성개오(見性開悟)를 들고 있다.

3) 『약사유리광칠불본원공덕경』

이 경은 서분에서 앞의 2본의 경전과 달리 8대원을 서원한 것을 볼 수 있다. 특히 만수실리도 보살도를 행할 때 8대원을 세웠음을 밝히고 있다. 정종분에서는 7불이 각각 대원을 서원한 것으로 되어 있음이 주목된다. 곧 7불 중 처음의 2불이 각각 8대원을 서원하였다. 다음 4불이 각각 4대원을 서원한 것으로 되어있음이 주목된다. 마지막으로 1불이 앞의 두 경전과 같이 12대원을 서원하고 있는 차이점을 보이고 있다.

유통분에서는 앞의 2경과 비슷하게 12신장이 『약사경』과 『약사경』을 독송하는 이들을 보호할 것을 서원하고 있다. 다른 두 경과는 달리 병고와 단명과 혹은 횡사와 일체중생의 고뇌를 소멸하여 없애는 다나니주를 독송하여 서원한 것으로 되어 있다.

『약사경』의 중심사상

1. 약사여래의 자비사상

1) 병의 치유

불교에 있어 어느 경이나 그 제명 속에 경 전체의 내용을 함축하고 있는데, 이『약사경』은 그 경명부터가 고뇌 속에 사는 사바세계 중생들의 구제를 호소하고 있는 간절함을 담고 있다고 볼 수 있다.

일체중생이 참으로 고통에 빠졌을 때 어떻게 하면 구제될 것인가 하는 데 대한 종교적인 하나의 해답으로서 나타난 것이 이 약사여래의 12대원인데, 그 가운데 제6원과 제7원이 특히 약사여래의 특이성을 잘 표현했다. 특히 제7원의 중병실제(衆病悉除), 즉 인간이 공통으로 가지고 있는 정신적, 물질적 혹은 육체적인 각종의 병을 다스려 준다는 것이 약사여래의 가장 큰 역할로 되어 있다. 그 내용을 다시 한 번 언급하면 아래와 같다.

"만약 여러 중생이 빈궁하고 곤고하며 의지하여 돌아갈 곳이 없으며 온갖 병에 걸려 시달림을 받되 의사도 없고 약도 없을 때, 잠깐이지만 나의 이름을 듣기만 해도 온갖 병이 흩어져 없어지고 권속은 번성하고 재물은 풍부하고 몸과 마음은 안락하여지며 끝내는 보리를 증득하게 하리라."

『약사유리광칠불본원공덕경』

또한 불구자나 질병에 시달리는데도 빈궁하여 약을 쓸 수 없거나 의지할 곳 없는 중생의 문제는 물론 12대원 이외의 공덕으로 그 나라에 유행하는 풍토병이나 그 밖의 재난을 약사여래에 대한 염송을 통해 물리치게 됨을 볼 수 있다.

"병자가 그 병고에서 벗어나게 하려 하거든 그 사람을 위하여 7주야를 8재계하며 음식과 생활용품으로 비구승을 공양하고 또한 주야 6시로 약사여래를 예배공양함과 아울러 약사경을 49번 독송하고 49등을 밝힌다. 약사여래상 7구를 조성해서 그 상 앞에 각기 49일 동안 일곱 개의 등을 밝히고 5색 채번(彩幡)을 49척쯤 되게 만들어 걸고 여러 종류의 중생을 방생하면 그 병의 위험을 면하게 된다. 만일 국왕이 그 나라에 유행되는 질병이나 외적의 침입, 내란 등 천재지변이 있을 때에 위의 법대로 하면 재난이 소멸됨은 물론 국토가 건강하여 장수하게 된다. 왕후·왕자·대신·백관·백성들이 모두 그 법을 지키게 되면 질병이나 고난이나 나머지 재액들도 모두 소멸된다."　　　　　　　　　　『약사유리광칠불본원공덕경』

이와 같이 약사여래의 서원은 중생 몸의 병, 나아가 사회의 병, 내지 마음의 병을 모두 치료하는 데 있음을 알 수 있다.

2) 제난(諸難)으로부터의 탈피

또한 『약사경』을 수지독송하거나 강설하면 사천왕이나 제천 선신의 수호로 인해서 비명횡사하는 일이 없게 되며 설사 어떤 악귀에게 정기를 빼앗기어 죽게 되더라도 『약사경』의 수지 독송으로 인해 다시 살아난다고 하였다.

"비구 아난은 물었다.
"아홉 가지 횡사는 무엇입니까?"
구탈 보살이 말했다.
"그 하나는 어떤 중생이 비록 가벼운 병을 얻었을 지라도 의사와 약과 간호하는 이가 없다거나, 설사 의원을 만났을지라도 미처 약을 쓰지 못하여 죽지 않을 병임에도 죽게 되는 것을 횡사라 하며, 또는 세간의 사악한 마군과 외도의 요사스러운 스승이 망령되게 설한 화복설을 믿고 문득 겁에 질려 마음속으로 두려움에 떨고 스스로 바로 가누지 못하고, 길흉을 점쳐본 다음 여러 생명을 살해하여 신에게 고사를 지내며 재난을 풀어주기를 요구하며, 도깨비 같은 것을 불러들여 복을 청하고 은혜를 빌어 수명을 늘이려 하나, 마침내 얻지 못한 채 어리석고 미혹하고 뒤바뀐 소견으로 결국 비명횡사로 지옥에 떨어져서 벗어날 기약이 없는 것이요,

　둘째는 국법에 잘못 걸려 죽임을 당하는 것이요,

　셋째는 사냥하고 놀음하고 여색을 좋아하고 술을 즐겨하여 거침없이 방탕하게 굴다가 잘못하여 비인(非人)에게 그 정기를 빼앗기는 것이요,

　넷째는 잘못하여 불에 타서 죽는 것이요,

　다섯째는 잘못하여 물에 빠져 죽는 것이요,

　여섯째는 잘못하여 사나운 짐승에게 물려서 횡사하는 것이요,

　일곱째는 높은 절벽이나 산에서 떨어져 죽는 것이요,

　여덟째는 독약이나 가위눌림, 저주, 귀신 등의 해침을 받아 횡사하는 것이요,

　아홉째는 배고프고 목마름에 시달려도 음식을 먹지 못하여 횡사하는 것 등…"　　　　『약사유리광칠불본원공덕경』

　이것이 약사여래께서 간략하게 설하신 아홉 가지 비명횡사

이다. 그 밖에도 무수히 많지만 만일 중생이 지성으로 약사여래의 명호를 염송하고 『약사경』을 독송하면 그러한 횡사를 면할 수 있게 된다고 하였다. 이뿐만 아니라 중생들이 세간에서 불효하고 5역죄를 범하면 염마왕이 그것을 기록하였다가 죄의 경중을 따져 벌하려 하는데, 이러한 모든 유정에게 약사여래는 등을 밝히고 번기를 만들어 달고 방생하여 복을 닦기를 권하여 그러한 중생들이 괴로움과 액난을 벗어나게 하고 온갖 재난을 만나지 않게 하려고 서원을 세웠다.

3) 속명법(續命法)

또한 선남선녀가 약사여래상을 조석으로 모시어 꽃을 뿌리고 향을 사루면 장수하게 됨은 물론 부귀영화와 벼슬을 얻게 된다고 하였다. 사람이 중병에 들어 죽음의 모습을 나타내고 그 혼이 염마왕 앞에 끌려가 지은 죄에 따라 벌을 받으려 할 때, 그 사람을 위해 아침저녁으로 약사여래에게 예배하고 공양하여 여러 생명 있는 중생을 방생하면 즉시 꿈에서 깨어난 것 같이 정신이 돌아오고 소생하는 것을 '속명'이라고 한다.

그때 구탈이라는 이름을 가진 보살마하살이 대중 가운데에 있다가 자리로부터 일어나 오른쪽 어깨를 드러내고 오른 무릎을 땅에 꿇고 몸을 굽혀 합장한 채 예배하고 부처님께 말씀드렸다.

"큰 덕을 갖추신 세존이시여, 상법시대의 모든 중생들 가운데서 갖가지 재난으로 곤란을 당하고, 오랫동안 병들어 몸은 파리하고 수척하며 마시거나 먹을 수 없어서 목구멍과 입술이 바짝바짝 타고 눈앞이 깜깜하여 죽음에 임박한 사람이 있으면, 부모·친척·친구·평소에 알고 지내던 사람들이 그 사람의 주위를 에워싸고 눈물을 흘리며 슬피 우는데, 그 몸뚱이는 그대로 누워있고 염마왕의 사자가 그 영혼을 인도하여 염마법왕의 앞으로 데리고 가서 염마법왕을 만나보게 합니다. 모든 유정들에게는 구생신(俱生神)이라는 신(神)이 있는데 그 사람의 구생신이 그 사람의 죄업과 복업을 빠짐없이 기록하여 염마법왕에게 바치면 그때에 염마법왕은 기록되어 있는 것을 근거로 삼아서 그 사람이 일생 동안 지은 죄업과 복업을 하나하나 따져 묻고 지은 바 죄업과 복업을 계산하여 좋은 세계로 보낼 것인지 나쁜 세계로 보낼 것인지를 판결합니다. 그 때에 저 병든 사람의 친척들과 평소에 알고 지내던 사람들이 저 병든 사람을 위해서 저 세존이신 약사유리광여래 부처님께 귀의하고 여러 스님들을 초청하여 이 약사경을 계속 소리 내어 읽도록 하고 칠 층의 탑에 층층마다 등불을 밝히고 다섯 가지 색으로 된 수명의 연장을 기원하는 신령스러운 깃발을 달아서 장엄하면 염마법왕의 앞에서 판결받고 있던 영혼은 곧 바로 이 세상에 돌아와서 염마법왕에게 판결받던 일들을 꿈속의 일처럼 분명하게 기억합니다. 혹은 7일·21일·35일·49일이 지나서 그 영혼이 이 세상에 돌아왔을 때에 꿈을 꾸고 있다가 금방 깨어나서 꿈속의 일들을 기억하는 것처럼 살아생전의 착한 일과 나쁜 일에 대한 과보 받는 것을 모두 기억하여 압니다. 그리고 죄짓는 행위와 복짓는 행위에 따라서 과보 받는 것을 자신이 직접 확인했기 때문에 아무리 어려운 상황에 처하더라도 목숨을 마칠 때까지 나쁜 짓을 저지르지 않습니다. 이러한 연고로 깨끗한 믿음을 지닌 선남자·선녀인 등은 모두가 마땅히 약사유리광여래부처님의 명호를 받아 지니고 자신의 능력에 따라서 약사유리광여래부처님을 공경하며 공양해야 합니다." 『약사유리광여래본원공덕경』

다시 말해서 속명이라 함은 사람이 병으로 죽었다가 다시 살아나는 것을 말한다. 장수에 대해서는 다음과 같은 대목이 나온다.

"믿음이 깨끗한 남녀가 저 일곱 부처님에게 공양하고자 원하면 마땅히 먼저 일곱 부처님의 형상을 짓고 깨끗하고 훌륭한 자리에 안치하고서 꽃과 향과 온갖 번기와 당기로 그곳을 장엄하고, 7일 동안 낮과 밤으로 8재계를 지녀야 하느니라.

이때는 깨끗한 식사만을 하고 몸을 깨끗하게 씻고 깨끗한 새 옷을 입으며 마음에 번뇌가 없어야 하고 남을 해치거나 남에 대해서 성내는 마음이 없어야 하고… 음악과 노래로 여래의 공덕을 찬탄하고 오른쪽으로 불상을 돌면서 저 여래의 본원을 생각하고, 이 경을 독송하면서 그 뜻을 사유하고 남에게 그 뜻을 연설하여 가르쳐주어야 하느니라. 그러면 바라는 것이 뜻대로 이루어질 것이다. 즉 수명이 길기를 바라는 사람은 장수할 것이며, 풍요를 구하는 사람은 재물이 풍요롭게 될 것이며, 벼슬을 구하는 이는 벼슬을 구할 것이며…"

『약사유리광칠불본원공덕경』

이러한 내용들이 곧 『약사경』에 나타나 있는 질병 퇴치 및 속명·건강·장수에 대한 약사신앙의 근거가 된다고 볼 수 있다. 그리고 의정 스님의 『약사유리광칠불본원공덕경』에는 약사여래 이외에 동방광승세계선명칭길상왕여래의 8대원 가운데 1·2대원은 장차 성불할 때 모든 중생의 후천적 또는 선천적인 병고의 구제를 발원하고 있다. 다음으로 묘보세계의 보월지엄광음자재왕여래, 원만향적세계의 금색보광묘행성취여래, 무세계의 무우최승길상여래, 법당세계의 법해뢰음여래, 선주보해세계의 법해승혜유희신통여래의 다섯 부처님이 모두 성불시에 중생의 우환과 질고 그리고 빈궁과 액난과 죄악 등을 구제하기를 발원했다.

또한 『약사경』에는 다음과 같이 호국사상도 포함되어 있다.

"아난존자시여, 만일 크샤트리아와 관정왕이 자기 자신이 다스리는 나라에 이른 바, 백성들이 질병으로 고통 받는 재난, 다른 나라의 침략을 받아 고통 받는 재난, 자기가 다스리는 지역에서 반란이 일어나는 재난, 별자리에 변괴가 생기는 재난, 일식과 월식이 발생하는 재난, 농사에 알맞게 비가 내리지 않거나 바람이 불지 않는 재난, 가뭄이 계속되는 재난 등이 일어나면 저 크샤트리아와 관정왕은 그때에 마땅히 모든 유정들에게 자비심을 일으켜서 갇혀 있는 사람들을 풀어주고 앞서 말한 공양하는 법을 의지해서 저 세존이신 약사유리광여래부처님께 공양을 올려야 합니다. 그러면 이 크샤트리아와 관정왕의 선근공덕(善根功德)과 저 약사유리광여래부처님께서 보살행을 닦으실 적에 세웠던 대원의 힘으로 말미암아서 그 나라는 편안해지고 농사에 알맞게 비가 내리고 바람이 불어 들판의 곡식이 잘 익어 풍년이 들고 일체 유정들은 질병의 고통이 사라져서 기쁘고 즐겁게 됩니다. 그 나라 안에는 포악한 야차 등의 나쁜 귀신들이 유정들을 괴롭히는 일이 없어지고 일체 나쁜 일은 즉시에 사라집니다. 그러므로 크샤트리아와 관정왕은 약사유리광여래부처님께 공경하며 공양한 공덕으로 백성들의 수명을 연장시키고 육신을 튼튼히 하며 질병이 없도록 하는 일들을 마음대로 할 수 있습니다.

아난존자시여, 만일 황제·황후·왕·왕비·태자·왕자·대신·재상·궁궐의 궁녀·모든 벼슬아치와 백성들이 병들어 고통을 받는 사람들과 그밖에 재난을 당하여 고통 받는 사람들을 위해서 마땅히 오색이 찬란한 신령스런 깃발을 만들어 약사유리광여래부처님을 장엄하고, 약사유리광여래부처님 앞에 등불을 켜서 계속 밝히며, 죽음에 처해 있는 모든 생명을 방생하고, 약사유리광여래부처님께 여러 가지 꽃을 흩뿌려 장엄하며 여러 가지 향을 피운다면 질병의 고통이 사라지고 여러 가지 재난에서 벗어나게 됩니다."『약사유리광여래본원공덕경』

이상의 내용은 나라를 다스리는 왕에게 일어나는 재난의 예들을 전염병, 타국의 침략, 자국의 반란, 해와 달의 변화나 홍수, 가뭄 등으로 매우 현실감 있게 묘사하고, 재난을 면하기 위해 왕이 행해야 할 일과 여래의 본원을 소개하고 있다.

2. 『약사경』에 보이는 정토사상

1) 정토사상

『약사경』에서 말하고 있는 정토세계의 특징은 무엇보다도

'현세의 이익과 내세의 이익'을 들지 않을 수 없다. '약사'란 이름이 가지는 뜻만으로 볼 때는 현세 이익에 국한된 것 같으나, 경 가운데는 동방정토와 서방정토를 함께 말하고 있고, 특히 동방의 정유리광세계로의 왕생사상이 고조되고 있으므로, 『약사경』은 현당이세(現當二世)의 이익, 즉 현세이익과 내세의 정토왕생사상을 모두 포함하고 있다고 하겠다. 중국 정토교 교리의 기초를 확립한 담란(曇鸞) 스님은 "정토는 법성(法性)에 수순(隨順)하여 법본(法本)에 불괴(不乖)하는 것"이라 하였으며 이어서 "불심을 일으킨다고 하는 것은 중생심(衆生心)을 제도하는 것이고, 중생심을 제도한다는 것은 곧 중생을 거두어 들여 불국토에 태어나게 하려는 마음이다. 그러므로 저 안락정토에 태어나기를 원하는 자는 반드시 무상보리심을 발해야 한다."고 하였다.

　이러한 의미에서 본다 하더라도 약사여래의 12대원은 중생심을 제도하는 것이며 위없는 보리심을 발하는 것으로 정토적 성질에 조금도 부족함이 없는 것이라고 할 수 있다. 더욱이 약사여래는 아래와 같이 별도의 불국토를 가지고 있다.

"동방 십항하사의 불국토를 지나 세계가 있으니 정유리라고 하며, 그 나라에 약사여래가 계시니…"

『약사유리광칠불본원공덕경』

이 정유리세계의 장엄은 아미타불의 서방극락세계처럼 미묘장엄을 다한 아름답고 안락한 세계이며 그곳에는 여인이 없으며 삼악도 및 고통도 없다. 대지는 유리로 되어 있고 금줄로써 길의 경계를 나타내며 궁전과 누각과 그물 등은 모두 칠보로 만들어져 있다. 『약사유리광칠불본원공덕경』에서는 앞서 언급한 바 있듯이 동방정유리세계 외에도 여섯 부처님의 정토 세계를 언급하고 있다. 그 가운데 보월지엄광음자재왕여래의 묘보세계는 이렇게 묘사되고 있다.

"그 부처님이 계시는 불국토는 광대하고 엄정하고 청정하며 땅이 평탄하기가 손바닥과 같고, 하늘의 미묘한 향나무가 줄을 지었는데, 하늘 꽃이 두루 만발하였으며, 천상의 음악이 항상 울리고 미묘한 천상의 방울과 목탁이 곳곳마다 달렸으며, 천상의 보배로 부처님의 사자좌를 장식하였고, 또한 천상의 보배로 목욕탕의 둘레를 장식하였으며, 그 땅은 매우 부드러워 모든 기와조각이나 자갈과 같은 티끌이 없으며, 거기에는 여인이나 일체 번뇌가 없고 모두가 물러나지 않는 지위에 오른 보살들만이 연꽃 속에 환생했느니라. 그리하여 마음만 먹으면 음식과 음식 그리고 모든 생활 도구가 뜻대로 그 앞에 나타나니, 그 세계를 묘보세계라 하느니라."

『약사유리광칠불본원공덕경』

나머지 다섯 개 정토세계의 장엄함도 이와 대동소이하다. 한편 정유리세계에는 두 보살이 있어 상수가 되니 한 분은 일광변조요. 또 한 분은 월광변조라고 하였는데 공덕 장엄이 약사여래와 같기에 "마땅히 깨끗한 믿음이 있는 남자와 여자는 저 불토에 나기를 원한다."고 하였다. 그 두 보살은 약사여래의 원을 받들어 질병과 무수한 고난에 허덕이는 중생들이 하나도 빠짐없이 정유리세계에 나도록 서원하고 있다.

항상 죄를 짓고 사는 중생에겐 차방정토설(此方淨土說)보다 이 극락왕생의 타방(他方)정토설이 더 친근한 것은 어쩔 수 없는 일인지도 모른다. 하지만 차방정토를 구하던 타방정토를 구하던 우리가 해야 할 일은 정해져 있다고 할 수 있다. 즉, 그것은 부처님의 말씀대로 부처님의 행한 바를 따라서 배우고 닦는 일일 것이다. 우리가 몸으로 불토를 실천하고, 입으로 불법을 말하고, 마음이 불심으로 돌아갈 때 비로소 정토는 바로 그곳에 있는 것이다.

2) 염불의 공덕

또한 『약사경』에서는 정토사상과 관련하여 염불에 대해 강조하고 있다. 약사칠불 가운데 첫 번째 부처님에서 여섯 번째 부처님에 이르기까지 각각의 서원을 세우고 지극한 마음으로 칭념하면 그 염불의 힘으로 말미암아 온갖 병과 괴로움이 다 없어지고 끝내는 위없는 보리를 증득한다고 강조하고 있다. 이 칭명염불에 대해 『법화경』의 「방편품」은 이렇게 말하고 있다.

"만약 사람이 산란한 마음으로 탑묘의 안에 들어가서 한번만이라도 '나무불'이라고 칭하면 모두 불도를 성취한다."

또 『문수반야경(文殊般若經)』에서도 다음과 같은 말이 나온다.

"선남자·선녀인이 있어서 일행(一行)삼매에 들어가고자 하는 자는 먼저 공한처에서 모든 난의(亂意)를 버리고 상모(相貌)를 취하지 말고, 마음을 일심으로 매어 두고, 오로지 명자를 칭하며, 부처님의 방소(方所)에 따라서 단신정향(端身正向)하여 능히 한 부처님에 있어서 염념상속(念念相續)하라. 즉 이 염의 가운데에서 능히 과거와 미래와 현재의 모든 부처님을 볼 수 있다."

이것은 삼매에 들어가는 방법으로 칭명을 설하는 것이지만, 『불설관불삼매해경(佛說觀佛三昧海經)』에서는 아래와 같이 말하기도 한다.

"너희들이 만약 염(念)할 기회가 있으면 꼭 무량수불을 칭하여라."고 한다. 이와 같이 지심으로 소리를 끊지 않고 십념(十念)을 구족하게 '나무아미타불'이라고 칭하라. 불명을 칭하는 까닭에 염념(念念)의 중에 80억 겁의 생사를 죄를 제(除)하고, 명종시(命終時)에 금연화의 편편한 일륜(日輪)이 그 사람의 앞에 머물러 있음을 본다. 일념(一念)의 사시에 극락세계에 왕생함을 얻는다.

불명(佛名)을 칭하므로 인하여 백 천 겁의 번뇌의 중장(重障)을 제거한다고 말하는 것이다. 이는 바로 칭명에 의한 멸죄(滅罪)와 정토왕생을 설하고 있는 것으로 기원의 칭명이라고 생각된다. 그런데 『약사경』에서는 수행과 기원의 염불뿐만 아니라 문명(聞名)사상도 중요하게 취급하고 있음을 알 수가 있다. 특히 본원 가운데서 문명을 강조한 것을 엿볼 수 있다.

"여러 유정이 지옥에 떨어지고 축생과 아귀의 세계에 떨어져도 만약 일찍이 약사유리광여래의 이름을 들었다면, 그 여래의 본원의 위력으로 말미암아 지옥 가운데 있으면서 약사유리광여래의 명호를 억념하게 되고 그의 목숨이 다하는 대로 인간에 환생하여 바른 견해를 닦는 일에 정진하며… 교만을 버리고 정법을 비방하지 않으며 마군과 작당을 하지 않고, 점차 모든 보살행을 수행하여 끝내는 보리를 증득하느니라."
『약사유리광칠불본원공덕경』

또한 다음과 같은 대목도 있다.

"약사유리광여래의 명호를 들었다면, 그 선근의 힘으로 말미암아 지금 다시 약사유리광여래를 억념하게 되어 지극한 마음으로 귀의하게 되며, 그 부처님의 위신력으로 모든 괴로움에서 해탈하고 모든 감관(感官)은 총명예리하며 지혜롭고 부처님의 가르침을 많이 듣고 항상 훌륭한 법을 구하며 항상 착한 벗을 만나고 영원히 마군과의 관계를 끊고 무명의 종자를 깨뜨리며 번뇌의 강을 말려 일체의 생과 늙음과 질병과 죽음과 근심과 슬픔과 고뇌에서 벗어나 끝내는 보리를 증득하느니라."   『약사유리광칠불본원공덕경』

이렇게 『약사경』은 칭명염불의 공덕뿐만 아니라 문명에 대한 공덕도 강조하고 있다. 즉 문명 → 수선(修善) → 왕생의 행도(行道)를 설하고 있는 것이다. 이와 같은 문명에 의한 증과(證果)는 대승불교 최고의 경전이라고 하는 『화엄경』과 『정법화경(正法華經)』에서도 설하고 있다. 또 『미륵대성불경(彌勒大成佛經)』에서도 "부처님의 명호를 듣고 예배하고 공양하는 인연으로 모든 업장이 제거된다."고 하는 등 많은 대승경전에서 문명사상을 강조한 것을 볼 수 있다. 그러므로 대승불교가 발전함과 동시에 문명사상도 발전하게 되었음을 짐작해 볼 수 있다. 정토계 경전중에서 본원 가운데 문명을 강조한 것을 비교해 보면 초기 정토경전인 『대아미타경(大阿彌陀經)』과 『평등각경(平等覺經)』에서는 각각 2회뿐이다. 그러나 후기 정토경전인 『무량수경(無量壽經)』에서는 10회 이상 강조하고 있다. 이로써 『약사경』은 명호를 듣는 공덕을 중요시하는 시기에 형성되었다고 볼 수 있다. 다시 말하면 원시경전에서는 불법(佛法)을 듣는 것을 중시하였지만, 대승불교에 접어들어 정토사상이 발전함에 따라서 부처님의 명호를 듣는 것이 중시되었다고 본다.

3. 『약사경』에 보이는 밀교(密敎)사상

『약사여래본원경』과 『약사유리광여래공덕경』에도 약사여래를 염송공양하며 속명법(續命法)·제병(除病)·재난을 물리치기 위해서 행하는 의식이 밀교적이기는 하나 비밀주문을 말하지는 않는데 반해, 의정 스님이 번역한 『약사유리광칠불본원공덕경』은 다음과 같이 말하면서 비밀주문을 설하고 있다.

"만일 사람이 칠불명호를 염송하고 본원공덕을 생각하여 이 주문을 외우게 되면 그 사람의 소원을 이루게 된다."

이 경에 언급되어 있는 주문은 금강보광묘행성취여래 진언(眞言)·약사유리광여래 진언·칠불 진언·집금강 진언·제석·범천·사천왕 진언 등이다. 이러한 주문의 공덕은 다른 판본의 『약사경』에는 타나나 있지 않은 밀교적 요소이다. 의정 스님이 번역한 『약사유리광칠불본원공덕경』에서는 진언의 필요성을 문수사리보살과 부처님과의 문답을 통해 다음과 같이 보여주고 있다.

"여래의 선정의 힘은 불가사의합니다. 과거에 이룩하신 본원의 힘과 훌륭한 방편으로 말미암아 중생의 해탈을 성취시키시나니, 위대한 힘을 가진 신주(神呪)를 설하여 주시기를 간절히 원하옵니다… 복이 박한 중생과 병고에 시달리는 중생과 해와 달과 별의 액난을 만난 중생과 전염병을 만난 중생과 원수를 만난 중생과 험한 길에서 온갖 두려운 일을 만난 중생으로 하여금 귀의하여 평안함을 얻게 하여 주십시오… 중생들이 이 신주를 사경하여 수지하고 독송하고 남을 위하여 널리 설하면, 항상 부처님의 호념(護念)하심을 입을 것이며, 악취에 떨어지지 않을 것이며, 또한 횡사하는 일도 없을 것입니다."

그리고 이 신주를 수지독송하면 아래와 같은 과보를 얻게 된다고 말하고 있다.

"믿음이 깨끗한 남녀와 국왕과 왕자와 대신과 재상과 왕후와 궁녀들이 이 신주에 대하여 믿음을 갖고 공경하여 읽고 외우고 남을 위해 그 뜻을 설하고 모든 함식(含識)에 대하여 대비심을 내고 밤과 낮으로 향과 꽃과 등촉을 정성껏 공양하고 깨끗하게 목욕을 하고서… 염송을 하면 무겁고 무한한 업장도 다 소멸하여 온갖 번뇌를 당장 여의고 목숨이 다하여 할 때는 여러 부처님께서 호념하시어 곧 연꽃에서 화생하느니라."

또한 이 진언을 염송하면 모두가 뜻을 이루며 병이 없고 오래 살 것이며, 목숨이 다한 뒤에는 저 정유리세계에 태어나서 불퇴전의 지위를 얻고 끝내는 보리를 증득한다고 진언의 공덕에 대해서 설하고 있다.

밀교는 그 교리도 현교와는 달리 붓다의 비밀 경지를 많이 말하고 있다. 밀교는 최상의 목적이 즉신성불에 있었지만 세속적인 현세의 복덕을 추구하는 방향으로 전개되었다. 이와 함께 약사신앙도 후대로 내려오면서 내세적인 정토성보다는 밀교적으로 발전되었다.『약사경』에서 소재(消災)·제병·속명·연명을 위해 약사여래의 명호를 염송하거나 등을 밝히고 당번을 거는 행위 등은 밀교의식과 공통되는 점이 많아 나중에 약사신앙이 밀교화되는 계기가 되었다고 볼 수 있다.

의정 역 『약사경』과 그 이외의 『약사경』을 중심으로 약사신앙이 밀교적으로 전개되는 과정을 살펴보면, 의정 역 이외의 경전에는 약왕보살이 등장하고 있는데 반해 의정 역에는 집금강보살이 등장하고 있다. 약왕보살은 초기 대승경전인 『법화경』에 등장하는 보살이며, 집금강보살은 순밀계통의 밀교경전 탄생 이후에 등장하는 보살이다. 이 사실은 『약사경』이 밀교적으로 발전하면서 약왕보살이 빠지고 상대적으로 즉신성불의 밀교사상에 부합하는 집금강보살이 경전에 등장하게 되었음을 말해주는 것이다. 또한 의정 역 이외의 경전에는 중생이 임종시에 약사유리광여래의 이름을 들으면 8보살이 나타나서 서방극락세계로 가는 길을 가르쳐 주는 내용이 있다. 반면에 의정 역의 경전에는 이 내용이 없다. 따라서 의정 역의 약사경은 정토사상이 약화된 것으로 볼 수 있다. 그런데 오히려 의정 역본은 다른 역본보다 여섯 가지 정토가 더 언급되고 있다. 그러나 이 정토들은 초기대승불교에 나타난 정토의 개념과 달리 다수의 제존(諸尊)이 등장하는 체계화된 만다라의 전조인 밀교적 정토로 보는 것이 타당하다.

이러한 밀교적 정토성을 뒷받침하는 것으로 의정 역에 등장하는 다수의 다라니를 들 수 있는데, 밀교에서 다라니의 역할은 수지독송을 통해 불보살의 가피력을 현재의 몸과 마음에서 직접 누리는 것이다.

법공양 발원문

우주에 충만하사 아니 계신 곳 없으시고
만유에 평등하사 두루 살펴 주옵시는
제불보살님의 품안으로 돌아 가옵나니
자비의 문을 열어 감응하여 주옵소서.

이 경전 불사의 공덕으로
안심정사 불제자들과
법계의 모든 중생들은
부처님의 원만 구족하신 공덕의 위신력으로
탐·진·치 삼독으로 지은 모든 업장이 소멸되어
원하는 모든 소원이 뜻과 같이 이루어지이다.

나아가 모든 중생이 어둠에서 벗어나
깨달음을 구하는 보살의 길을 힘차게 열어 나아가
마침내 성불하여지이다.

나모 석가모니불
나모 석가모니불
나모 시아본사 석가모니불

법공양 공덕

보고 읽는 분들은 반드시 모든 재앙과 환란은 소멸될 것이니
보신 분들은 이웃에게 권하여 보고 읽게 하십시오.

바라옵건데 이 공덕으로,
숙현업은 모두 소멸되고,
복덕과 지혜는 늘어나고,
보리도를 반드시 이루며,
모든 전쟁과 기근 살상 등은
모두 소멸되어서
국가는 태평하고 국민은 안락하며
경전인쇄 시주자와 유통자의
모든 권속들은 모두 평안하며
선망부모는 모두 왕생극락하시고,
원하는 대로 모두 이뤄지며
법계의 모든 유정들은 함께
무상 불법에 나아가게 하소서.

나모 소재연수 약사유리광여래

불경공덕회 회원모집

안심정사 불경공덕회는 각종 경전과 정토 서적을 한글로 인쇄하여 유포하는 간행 불사를 봉행하고자 결성되었습니다.

지금까지 수만 부의 '부처님 말씀', '지장경', '우바새계경', '아미타경·소·요해', '아름다운 우리말 천수경', '신해행증', '약사경' 등을 인경하여 배포하고 있으며 새롭게 간행할 경전 말씀들도 많이 있습니다. 법우님들께서 짓는 공덕의 힘을 더욱 적극적으로 발휘해 주시길 부탁드리고, 자녀들의 학업성취, 지혜로운 삶을 위해 불경간행 불사에도 동참하셔서 지혜와 복덕을 누리시길 마음 모아 합장하고 발원합니다.

- ◯ 동참방법 : 정성껏
- ◯ 동참계좌 : 농협 429-01-049946 안심정사
- ◯ 안내전화 : 041-742-4557

일일십선(日日十善)만선공덕회 회원모집

안심정사에서는 석법안 스님의 군부대 포교사업 지원 및 교도소 수용자 교화를 목적으로 특수포교후원회를 결성하여 운영하고 있습니다. 전년도에는 군부대에 초코파이 14,000박스, 럭키체인(합장주) 42만 개, 부처님말씀 36만 부를 보냈으며 이와 함께 교도소 수형자 교화사업도 진행하고 있습니다. 많은 동참을 바랍니다.

- ◯ 후원방법 : 매월 1만원 자동이체
- ◯ 동참계좌 : 농　협 429-01-049950 안심정사
  　　　　　　우체국 310011-01-000814 안심정사
- ◯ 문　　의 : 논산본찰 041-742-4557 / 010-7422-4557
  　　　　　　서울도량 02-577-4557 / 010-6640-4557

석법안 스님과 함께하는
행복과 성공을 위한 재수불공기도

우바새계경에서 설하신 바,
재가 신도가 불교를 믿는 까닭은 수명[壽]을 늘리고 재산[財]을 늘리기 위해서입니다. 경전의 말씀대로 안심정사에서는 아래와 같이 매주 재수불공을 봉행하고 있습니다.
건강장수와 부귀영화를 잘 누리며 행복하고 성공적인 인생을 사는 것이 불교를 진정으로 잘 하는 것입니다.
재수불공은 바로 그 목표를 달성하기 위한 기도입니다.

논산본찰
충남 논산시 연무읍 안심로203번길 12
충남 논산시 연무읍 안심리 1098
전화 : 041-742-4557 / 010-7422-4557

서울도량
서울특별시 강남구 논현로8길 12
서울특별시 강남구 개포동 1188 주원빌딩 5층
전화 : 02-577-4557 / 010-6640-4557

부산도량
부산광역시 해운대구 달맞이길117번 다길 149
부산광역시 해운대구 중동 1485-5
전화 : 051-704-4557 / 010-9421-4557

제주도량
제주특별자치도 제주시 연동7길 41
제주시 연동 273-41
전화 : 064-747-4557 / 010-9476-4557

대구도량
대구광역시 남구 대명로 220번길
대구광역시 남구 대명동 336-1
전화 : 053-625-4557 / 010-5241-4557

창원도량
창원시 진해구 경화동 조천북로97번가길28 심원사
창원시 진해구 경화동 1354-8 심원사
전화 : 055-547-4557 / 010-8611-4557

10대 소원 기도문

성명 : _____   법명 : _____

생년월일 :   년   월   일생

시방삼세 모든 부처님과 팔만사천 큰법보와 보살, 성문, 스님께 지성귀의 하옵니다. 아래의 10가지 큰 소원을 간절히 바라오니 자비하신 큰 원력으로 부디 성취시켜 주시옵소서.

1. _____

2. _____

3. _____

4. _____

5. _____

6. _____

7. _____

8. _____

9. _____

10. _____

약 사 경

초판 1쇄 발행 • 불기2559년(서기2015년) 7월 30일
초판 2쇄 발행 • 불기2564년(서기2020년) 1월 17일

발행인 • 석법안 스님
역 주 • 석법안 스님
발행처 • 안심정사
주 소 • 충남 논산시 연무읍 안심로 203번길 12 / 서울시 강남구 논현로 8길12
전 화 • 041-742-4557 / 02-577-4557
이메일 • ansim56@naver.com

편집 · 인쇄 • 아름원 02-2264-3334

©안심법안, 2015

* 잘못된 책은 교환해 드립니다.